팀 체스터는 진리로 가득한 상찬을 우리에게 선물해 줬다. 진리가 밥이다. 밥에 진리가 가득하다. 진저리나는 밥이 아니라 생명이 풍성한 밥을 우리 영혼의 식탁에 올려놓았다. 자기 목구멍으로 넘어가는 밥만이 배고픔을 채우듯 이 책을 먹는 자만이 밥 속에 숨겨진 진리를 먹을 수 있을 것이다. 일상적인 밥상에 가득한 진리가 우리 영혼을 배부르게 한다.
김병년, 「난 당신이 좋아」 저자, 다드림교회 담임목사

이 책은 오늘날 교회에서 잊혀져 가는 예수님의 '밥상 공동체'를 말씀에서 쉽고 친근하게 그러나 예리하게 길어 올렸다는 점에서 탁월하다. 나아가 예수님이 몸소 보여 주신 '밥상 공동체'는 교회조차 세속화되어 가는 작금의 상황 가운데 '교회 회복'의 대안이 될 것임을 확신한다. 이 책을 손에 잡는 목회자, 교회, 가정, 소그룹은 어두운 현실 가운데 한 줄기 희망의 빛을 발견할 것을 의심치 않으며, 무엇보다 우선적으로 내가 목회하고 있는 현장에서 성도들과 나누고 싶다.
김대조, 주님사랑의교회 담임목사, 「나는 죽고 교회는 살아야 한다」 저자

교회는 밥상 공동체가 되어야 한다. 성도들은 함께 밥을 먹는 식구(食口), 한 집에서 함께 살면서 끼니를 같이 하는 사람이다. 지금 한국 교회가 상실한 것이 '식구 의식'이라고 생각한다. 식사란 키워드로 누가복음을 풀이한 저자는 예수님의 사역에서 식탁은 은혜와 공동체, 선교가 구현되는 자리라고 말한다. '먹보에다 술꾼으로 세리와 죄인의 친구'가 되신 주 예수 그리스도가 보여 주신 밥상 공동체의 정신이 이 책을 통해 한국 교회에 깊고, 넓게 펼쳐지기를 소망한다.
이태형, 국민일보 부국장, 「더 있다」 「인생에서 가장 소중한 것」 저자

팀이 여태껏 쓴 책의 제목조차 다 나열할 수 없을 것 같다. 그와 한두 권 공저하기도 했는데, 이 책은 지금까지 나온 그의 책 중 단연 최고다! 이 책은 내 영혼을 채워 주었고 새로운 은혜를 누리게 했다. 사실 이 책 자체가 호화로운 만찬이다. 이 책을 그냥 읽지만 말고 부디 마음껏 드시길.
스티브 티미스, 크라우디드 하우스 공동설립자, 「교회다움」 공저자

금식이 영적 훈련이 될 수 있음은 다들 알지만, 실은 먹는 쪽이 더 예수님답다. 이 책에서 팀 체스터는 친밀한 식사를 함께 나누는 밥상이 그리스도인들의 활동 무대가 되어야 한다고 역설한다. 애초에 교회란 기다란 가운을 입은 거룩한 사람들이 거룩한 건물에서 얇은 제병과 골무 같은 컵에 담긴 주스를 나눠 주는, 현실과 동떨어진 모임이 아니었다. 팀은 우리를 우리가 있어야 할 자리 곧 밥상, 실로 잔칫상으로 돌아가게 해준다. 이 책은 신성한 의식들의 수렁 속에서 우리가 오래전에 놓쳤던 중요한 주제를 다룬 탁월한 저작이다. 이제 밥상으로 되돌아가 우리에게 주어진 삶을 누릴 시간이다.

닐 콜, Church Multiplication Associates 설립자 및 대표, 「오가닉 처치」 저자

나는 늘 교인들에게 산과 식사 이야기를 빼면 성경이 아주 얇은 책이 될 거라고 말했다. 교회에 관한 온갖 모델과 전략이 난무하는 지금, 팀은 예수님이 다른 어떤 것보다 즐겨 쓰신 방법이 사람들과 식사를 같이 하는 것이었다고 말한다. 이 책은 은혜와 선교와 공동체란 프로그램과 선전을 통해서가 아니라 함께하는 밥상에서 경험하는 평등과 용납을 통해 가장 잘 구현된다는 사실을 실감나게 상기시켜 준다. 이를 실천하기에 우리 삶이 너무 바쁘지 않기를 바랄 뿐이다.

마이크 브린, 3DM 글로벌 리더, *Building a Discipleship Culture* 저자

팀 체스터는 복잡다단한 일상을 사는 보통 사람이 복음, 공동체, 선교에 관한 문제를 온전히 이해하고 누리고 실천할 수 있게 만드는 탁월한 능력을 지녔다. 팀은 이 책에서도 그 일을 멋지게 해냈다. 이 책이 소개하는 식사를 대할 때마다 나는 복음이 생명과 관계에 대해 알려 주는 바를 깊이 확신하게 되었고 예수님을 더욱 사랑하게 되었다. 우리 교회의 모든 교우들이 이 책을 읽었으면 좋겠다.

제프 밴더스텔트, 소마커뮤니티교회 담임목사, ACTS 29 부총재

예수님이
차려주신
밥   상

IVP(InterVarsity Press)는
캠퍼스와 세상 속의 하나님 나라 운동을 지향하는
IVF(InterVarsity Christian Fellowship)의 출판부로서
생각하는 그리스도인을 위한 문서 운동을 실천합니다.

A Meal with Jesus:
Discovering Grace, Community, and Mission around the Table
Copyright ⓒ 2011 by Tim Chester
Published by Crossway
a publishing ministry of Good News Publishers
Wheaton, Illinois 60187, U.S.A.

This Korean Edition Copyright ⓒ 2013 by Korea InterVarsity Press,
Seoul, Republic of Korea.
This edition published by arrangement with Crossway
through rMaeng2.

이 책의 한국어판 저작권은 알맹2 에이전시를 통하여 Crossway와
독점 계약한 IVP에 있습니다.
신 저작권법에 의하여 한국 내에서 보호받는 저작물이므로
무단 전재와 무단 복제를 금합니다.

A Meal With Jesus
Discovering Grace, Community,
and Mission Around the Table

예수님이 차려주신 밥상

팀 체스터 지음 | 홍종락 옮김

Ivp

 차례

들어가는 글
인자(人子)는 와서 먹고 마셨다 • 9

1. 밥상은 은혜가 구현되는 자리다 • 21
   누가복음 5장

2. 밥상은 공동체가 구현되는 자리다 • 53
   누가복음 7장

3. 밥상은 소망이 구현되는 자리다 • 83
   누가복음 9장

4. 밥상은 선교가 구현되는 자리다 • 117
   누가복음 14장

5. 밥상은 구원이 구현되는 자리다 • 157
   누가복음 22장

6. 밥상은 약속이 구현되는 자리다 • 195
   누가복음 24장

주 • 219
역자 후기 • 229

들어가는 글
인자(人子)는 와서 먹고 마셨다

아내가 날 위해 치즈토스트를 만들어 주던 날, 나는 사랑에 빠져 버렸다. 그녀를 안 지 며칠 만에 일어난 일이었다. 처음 보았을 때도 한눈에 반한 '사랑'이었다. 그러나 처음의 그 '사랑'은 단순한 끌림에 불과했다. 내 마음을 완전히 빼앗은 것은 치즈토스트였다. 그녀가 치즈토스트를 만들 줄 안다는 사실에 감동한 건 아니다. 아내 될 사람에게 기대했던 것이 그것만은 아니었으니까. 자신을 의식하지 않는 그 소박한 섬김이 내 마음을 사로잡았다. 게다가 그녀의 손은 얼마나 예뻤던지. 그때의 내 감정은 깊이 생각하고 나온 반응이 아니었다. 그녀가 내 사람이라는 사실을 단번에 알아차렸다.

한때 내게 치즈토스트를 만들어 주었던 소녀와 반평생이 넘는 시간을 보냈다. 평생 먹은 음식의 절반을 함께 먹었다. 지금도 그녀가 요리해 주는 모든 음식은 선물이다. 나는 식사 때마다 감사를 표현한다. 그건 힘든 일이 아니다. 의무감에서 나온 습관이라기보다는 나도 모르게 터져 나오는 기쁨의 탄성에 가깝다. 그녀가 차려 낸 것들은 단순한 음식이 아니다. 매 끼니는 그녀의 사랑이 구현된 증거였다. 나를 향한, 우리 두 딸을 향한, 그리고 수많은 손님들을 향한 사랑이었다. 그녀의 사랑이 단지 요리로만 표현되는 건 아니지만, 요리를 통해 만질 수 있고 먹을 수 있는 형태로 나타난다.

음식은 중요하다. 식사는 중요하다. 식사에는 중요한 의미가 잔뜩 담겨 있다. "식사를 함께 하는 것만큼 우정(companionship)이 잘 드러나는 행위는 드물다.…우리가 음식을 나누는 상대는 친구이거나 친구가 되는 길에 접어든 사람일 가능성이 높다."[1] 컴패니언(companion)은 라틴어 '*cum*'(함께)과 '*panis*'(빵)에서 나온 말이다.

멋진 환대를 생각하면 각자 떠오르는 이미지가 있을 것이다. 나는 친구 앤디와 조시, 그리고 그들의 농장 부엌이 생각난다. 정원의 흙이 그대로 묻어 있는 신선한 야채, 윤기가 도는 따끈한 빵, 오래된 화덕에서 나오는 온기, 하나님 이야기가 꾸준히 등장하며 부드럽게 흘러가는 대화. "밥상에서 일어나는 일들은 아무리 평범해 보여도 성례전적인 것이 된다. 그것은 하나님의 신비와 맞닥뜨리게 되는 통로다."[2]

당신의 거실이나 부엌 밥상을 생각해 보라. 그 소박한 가구 주위에서 어떤 드라마들이 펼쳐졌는가? 매일 가족과 잡담을 나누고 소식을 주고받고 이야기를 들려주고 서로를 놀리기도 했을 것이다. 자녀들에게 부모의 가치관이 전해졌을 것이다. 손님들이 환영받았을 것이다. 화목한 가정의 모습에 흐뭇해했을 것이다. 사랑이 꽃피었을 것이다. 밥상 너머로 손을 내밀어 사랑하는 이의 손을 처음 잡았을 지도 모르겠다. 밥상에서 중요한 결정들을 내렸던 기억이 새록새록 피어날지도 모르겠다. 식사를 나누며 누군가와 화해한 적도 있을 것이다. 케이크 반죽에 설탕 넣는 일을 까먹었던 당신을 놀리며 즐거운 시간을 보냈을 수도 있다.

내가 좋아하는 요리 칼럼니스트 나이젤 슬레이터(Nigel Slater)의 자서전을 보면, 어릴 적 엄마의 키스는 마시멜로 같다고 말하는 대목이 나온다. 슬레이터가 아홉 살 때 어머니가 돌아가셨는데, 그 이후 아버지는 매일 밤 아들의 침대 곁에 마시멜로를 가져다 놓았다.[3]

음식은 사람들을 이어 준다. 가족과 이어 주고, 모르는 사람들을 친구로 만들고, 전 세계 사람들을 연결시킨다. 오늘 아침 식사로 먹은 것을 생각해 보라. 차, 커피, 설탕, 시리얼, 자몽. 상당수의 음식이 다른 주나 다른 나라에서 생산된 것들이다. 음식 덕분에 우리는 전 세계 사람들이 주는 복을 받고, 반대로 그들에게 복을 주기도 한다.

그러나 음식을 나누는 일에는 어두운 면도 있을 수 있다. 런던에 있는 세계은행 사무실에서 열린 모임에 참석한 적이 있는데, 커피(내가 안 좋아하는 몇 안 되는 음식 중 하나다)를 들겠느냐는 말에 혹시 차가 있는지 물었다. "오전에는 차를 내지 않습니다." 사람을 무시하는 기색이 역력한 말투였다. 그때 나는 내 분수를 확실히 깨달았다. 그곳은 나 같은 사람이 환영받는 곳이 아니었다.

그러나 이것은 환대나 냉대를 통해 표현되었던 인종적 계급적 편견에 비하면 사소한 사례다. 음식점 문 앞에 세워진 "흑인 출입금지" 푯말은 민권운동 이전 세상의 모습을 무엇보다 잘 보여 준다. 영국의 숙박업소 앞에 있던 "흑인, 아일랜드인, 개 출입금지" 푯말은 어떤가. 환대는 고대 세계에도 중요했다. 신약학자 존 쾨니히(John Koenig)는 이렇게 말한다. "손님이나 주인이 서로에 대한 의무를 위반할 때, 온 세계가 흔들리고 보복이 뒤따른다."[4]

전 세계를 이어 준 무역에도 어두운 일면이 있다. 힘 있는 자들이 약자들을 착취하기 때문이다. 18세기와 19세기에는 설탕과 노예제도가 문제였다. 오늘날 착취의 대상은 이주 노동자들, 보조금 지급으로 값싸게 들어온 수입품 때문에 판로를 잃은 생계형 농민들, 노동법 적용을 받지 않는 경제개발구역의 식품가공공장 노동자들이다. "가난한 사람이 경작한 밭에서는 많은 소출이 날 수도 있으나, 불의가 판을 치면 그에게 돌아갈 몫이 없다"(잠 13:23, 새번역). 우리는 각자 구매하는 음식을 통해 다른 사람들을 축복할 수도 있고 저주할 수도 있다.

우리와 음식의 관계는 그리 단순하지 않다. 텔레비전에 나오는 요리사들이 유명인사가 되고 요리책들이 정기적으로 베스트셀러 목록에 오른다. 하지만 우리는 그 어느 때보다 요리를 안 한다. 미국인들은 매년 다이어트에 500억 달러를 쓴다. 음식 때문에 잘못된 몸의 문제를 해결하기 위해 그 돈을 쓰는 것이다. 미국인 남성의 25퍼센트, 여성의 45퍼센트가 수시로 다이어트를 한다. 대학생 연령층의 여성 중에서 다이어트로 체중 조절을 시도해 본 적이 없는 사람은 9퍼센트에 불과하다. 미국의 그리스도인들은 세계 선교보다 다이어트에 더 많은 돈을 쓴다.[5] 세계 도처에서 영적으로 육적으로 주린 자들을 먹이는 일보다 과식을 치료하는 데 더 많은 돈을 쓰고 있는 것이다. 우리는 어떤 사람이 되고 싶은지를 음식을 통해 표현한다. 일이 잘 못되면 음식을 피난처로 삼는다. 상심한 사람들은 아이스크림 한 통을 놓고 소파에 앉아 자신을 달랜다. "내가 먹는 것이 바로 나"라는 말이 있다. 음식은 에너지원 그 이상이다.

다음 문장을 어떻게 마무리하겠는가? "인자는 와서…?" 인자는 와서…말씀을 전했고…하나님 나라를 세웠으며…십자가 위에서 죽었다.

다음 문장을 완성해 보면 질문의 내용이 좀더 분명하게 드러날 것이다. "우리가 가서 해야 할 일은…?" 우리는 가서…정치 변화를 위해 운동을 해야…길거리에서 복음을 전해야…뉴미디어를 최대한 활용해야…우리가 다가가려는 문화에 적응해야 한다.

신약 성경은 세 가지 방식으로 "인자는 와서…"라는 문장을 완성한다. "인자가 온 것은 섬김을 받으려 함이 아니라 도리어 섬기려 하고 자기 목숨을 많은 사람의 대속물로 주려 함이니라"(막 10:45). "인자가 온 것은 잃어버린 자를 찾아 구원하려 함이니라"(눅 19:10) "인자는 와서 먹고 마시[니라]"(눅 7:34).

처음 두 구절은 사명선언문이다. 예수님이 **왜** 오셨는가? 그분이 오신 것은 섬기기 위해, 자기 생명을 대속물로 주기 위해, 잃어버린 자를 찾아 구원하기 위해서였다. 세 번째 성경구절은 방법선언문이다. 예수님은 와서 **어떻게** 하셨나? 그분은 와서 먹고 마셨다.

'인자'(人子, Son of Man)는 하나님 앞에 나아와 만국을 다스릴 권세를 받는 분을 가리키는 다니엘의 호칭이다(단 7장). 그리고 이제 인자이신 예수님이 오셨다. 그런데 그분은 어떻게 오셨나? 천사들의 군대와 함께 오셨나? 하늘 구름을 타고 오셨나? 영광의 불꽃과 함께 오셨나? 아니다. 그분은 평범하게 와서 "먹고 마셨다."

예수님 당시의 유대인들은 인자가 와서 의인들의 옳음을 밝히 드러내고 하나님의 원수들을 무찌를 거라고 말했을 것이다. 그들은 인자가 죄인들을 찾아 구원할 거라 기대하지 않았다. 그들은 인자가 영광과 능력으로 올 거라고 말했을 것이다. 그가 와서 먹고 마실 거라는 말을 하지 않았을 것이다.

누가는 허기를 면할 정도의 먹고 마심을 말한 것이 아니다. "인자가 와서 먹고 마시니 너희가 말하기를 '보라. 저 사람은 먹보에다 술꾼으로 세리와 죄인의 친구다'라고 말한다"(7:34, 우리말성경). 먹보는 물론 지나치게 많이 먹는 사람이요, 술꾼은 지나치게 술을 많이 마시는 사람이다. 예수님은 먹고 마시는 일을 정말 좋아하셨다. 그것을 트집 잡아 적들이 그분을 비난할 정도였다. 누가복음의 좀더 앞부분을 보면 바리새인들과 서기관들이 예수님께 이렇게 말하는 장면이 나온다. "요한의 제자는 자주 금식하며 기도하고 바리새인의 제자들도 또한 그리하되 당신의 제자들은 먹고 마시나이다"(5:33). 예수님은 먹고 마시는 데 많은 시간을 쓰셨다. 그분은 파티광이셨다. 그분의 선교 전략은 저녁 늦게까지 이어지는 오랜 식사였다. 생선구이와 빵, 포도주를 놓고 밥상에 둘러앉아 전도를 하셨고 제자 훈련도 진행하셨다.

누가복음에는 예수님이 사람들과 함께 음식을 드시는 이야기가 가득하다.

- 5장에서는 레위의 집에서 세리와 죄인들과 함께 식사를 하신다.
- 7장에서는 바리새인 시몬의 집에서 식사 도중에 기름부음을 받으신다.
- 9장에서는 오천 명을 먹이신다.
- 10장에서는 마르다와 마리아의 집에서 식사를 하신다.
- 11장에서는 식사 도중에 바리새인들과 율법사들을 정죄하신다.
- 14장에서는 사람들과 함께 식사하시면서, 친구가 아니라 가난한 사람들을 식사에 초대하라고 권하신다.
- 19장에서는 자청하여 삭개오와 식사를 하신다.
- 22장에는 최후의 만찬에 관한 기록이 나온다.
- 24장에서 부활하신 그리스도는 엠마오에서 두 제자와 함께 식사를 하시고, 이후 예루살렘에서 제자들과 함께 생선을 드신다.

로버트 캐리스(Robert J. Karris)의 결론은 이렇다. "누가복음에서 예수님은 식사하러 가거나, 식사 중이거나, 식사를 끝내고 나오는 중이셨다."[6]

예수님이 뭔가 드시지 않을 때에도 누가복음에는 음식 이야기가 넘쳐 난다. 누가복음 14장에서 예수님은 큰 잔치 비유를 들려주신다. 누가복음 15장에서는 탕자 비유를 들려주시는데 이 이야기는 잔치 장면으로 마무리된다. 누가복음 16장에서는 "날마다 호화롭게 즐기던"(19절) 부자와 "그 부자의 상에서 떨어지는 것으로 배불리려 하던" 거지의 모습을 대조해서 보여 주신다. 누가는 예수님께 식사를 대접했던 여인들이 있었다고 말한다(8:2-3). 구원을 받는 자가 적겠느냐는 질문을 받으셨을 때 예수님은 하나님 나라에 들어갈 수 있도록 확실히 준비하라고 당부하셨다. 마지막 날에 사람들이 "우리는 주 앞에서 먹고 마셨[나이다]"라고 말하겠지만, "집주인"은 이렇게 대답할 것이다. "나는 너희가 어디에서 왔는지 알지 못하노라.…나를 떠나가라." 그들 대신 "사람들이 동서남북으로부터 와서 하나님의 나라 잔치에 참여하리라"(참고. 눅 13:22-30). 누가복음 22장에서 예수님은 제자들에게 말씀하신다. "내 아버지께서 나라를 내게 맡기신 것같이 나도 너희에게 맡겨 너희로 내 나라에 있어 내 상에서 먹고 마시…게 하려 하노라"(29-30절). 음식이 구원과 심판을 나타내는 말로 쓰인다(1:53; 6:21, 25). 사람들을 좋은 음식과 나쁜 음식으로 나타내 구분한다(3:17; 6:43-46; 12:1).

예수님은 "먹보에다 술꾼으로 세리와 죄인의 친구"라 불리셨다. 예수님의 선교에는 먹고 마시는 일이 매우 중요했기 때문이다. 세리와 죄인들과 먹고 마시는 것은 그들과 나누는 우정의 증표였다. 그분의 '과도한' 음식과 '과도한' 은혜는 한데 이어져 있다. 예수님의 사역에서 밥상은 은혜, 공동체, 선교가 구현되는 자리였다.

따라서 예수님의 식사는 뭔가 더 큰 것을 나타낸다. 새 세상, 새 나라, 새로운 시각을 나타낸다. 그리고 그 새로운 현실에 실체를 부여한다. 예수님의 식사는 단순한 상징이 아니다. 적용이기도 하다. 단순히 그림이 아니라 소규모의 실물이다. 음식은 물질이다. 개념이 아니다. 이론이 아니다. 그것은 말 그대로 음식이다. 우리는 음식을 입에 넣고 맛보고 먹는다. 그리고 식사는 음식 이상의 의미를 지닌다. 사교의 장이다. 우정, 공동체, 환영을 나타낸다.

교회와 선교를 식사로 축소하고 싶은 마음은 없지만, 삶을 나눌 때 식사가 중요한 부분으로 꼭 들어가야 한다는 점을 강조하고 싶다. 식사는 선교의 의미를 나타내지만 그것만 있는 것은 아니다. 식사는 선교가 이루어지는 모습을 구현하고 실제로 보여 준다. 교회와 선교는 분명 식사보다 더 크지만 식사 없는 교회와 선교를 생각하기는 어렵다. 피터 라이트하르트(Peter Leithart)는 이렇게 말한다.

예수님께 잔치는 하나님 나라의 '비유'만이 아니었다. 예수님은 하나님 나라의 잔치를 선언하시면서 그것이 어떤 것인지 실제 보여 주시기 위해 친히 잔치를 베푸셨다. 많은 신학자들과 달리, 예수님은 오셔서 이데올로기를 설파하거나 사상을 주창하거나 도덕적 교훈을 가르치지 않으셨다. 그분은 오셔서 하나님 나라의 잔치에 대해 가르치셨고 그 나라를 보여 주는 잔치를 벌이셨다. 예수님은 먹고 마시는 일에 대해 말씀만 하지 않으셨다. 두루 다니시며 실제로 음식을 드셨다. 그것도 아주 많이.[7]

이 책은 식사를 다룬다. 예수님의 식사는 그분이 전하신 은혜의 메시지와 그것을 구현하는 그분의 공동체와 그 선교 사명을 들여다보는 창이다. 그래서 이 책은 은혜와 교회와 선교를 다룬 책이라고 할 수 있다. 그러나 식사는 비유에 그치지 않는다. 식사는 하나님의 은혜를 구체적으로 보여 주고, 공동체와 선교 사역이 구체적인 형태를 갖게 한다. 은혜도 공동체도 선교도 식사 없이는 안 된다.

내 서재에서 선교와 교회 개척을 다룬 책을 꺼내 보면, 상황화, 복음 전도 매트릭스, 포스트모던 변증론, 문화해석학이 나온다. 사람들을 어떻게 회심시킬지, 교회 개척을 위해 어떤 단계를 밟아야 하는지를 알려 주는 도표들을 볼 수 있다. 이렇게 말하니까 각 과정이 매우 그럴싸하고 전문적이고 세련된 것처럼 보인다. 하지만 누가는 예수님의 선교 전략을 이렇게 소개한다. "인자는 와서 먹고 마셨다."

우리는 공동체 운영과 선교를 전문가들만 할 수 있는 활동이라는 분위기를 만들 수 있다. 그렇게 해서 기득권을 유지하는 사람들도 있다. '비범한' 존재라는 이미지를 관리하는 것이다. 그런가 하면, 청중을 끌어모으고 역동적으로 여러 운동을 이끄는 유명인들에게 집중하기도 한다. 선교를 '평범한' 그리스도인들이 범접할 수 없는 특별한 일로 만드는 이들도 있다. 그러나 인자는 와서 먹고 마셨다. 복잡하지 않다. 물론 쉬운 일이라는 뜻은 아니다. 타인이 나의 공간에 비집고 들어오는 일을 허용해야 하고, 때로는 편치 않은 곳으로 가야 하는 일도 생긴다. 그러나 복잡하지는 않다. 한 주에 서너 번 정도 이웃과 함께 식사할 마음과 예수님을 향한 열정만 있으면 된다. 그러면 어느새 우리는 기독교 공동체를 세우는 일과 믿지 않는 이에게 다가가는 선교 활동에 동참하게 될 것이다.

이제 예수님이 어떻게 그 일을 하셨는지 살펴보자.

1

밥 상 은

은혜가 구현되는

자 리 다

누가복음 5장

시간은 자정이었다. 나는 여태껏 먹어 본 것 중 가장 큰 고기 접시를 앞에 놓고 앉아 있었다. 불행히도 이미 한 끼 식사로 충분한 양의 음식을 먹은 후였다.

나는 그날 온종일 대니얼, 마리 엘레나 루피나티 부부와 시간을 보냈다. 그들은 아르헨티나에서 죄수와 정신병원 수용자와 그들의 가족까지 돌보는 일을 하고 있다.

루피나티 부부와 함께 보낸 첫날, 우리는 아르헨티나에서 가장 큰 정신병원을 방문했다. 그곳에는 1,300명의 환자가 거대하고 밋밋한 병동에서 아무 하는 일 없이 지내고 있었다. 우리가 처음 만난 환자는 여덟 살 때부터 그곳에 있었다고 했다. 지금 나이는 오십대 중반이다. 환자들은 대부분 제대로 된 사랑을 받아 본 적이 거의 없었다. 가족에게도 버림받은 경우가 대부분이었다. 소장은 직원들이 대체로 환자들에게 크게 신경 쓰지 않는다고 실토했다. 그러나 대니얼과 마리는 깊은 애정을 가지고 모두에게 인사했고, 두 사람을 만날 때면 사람들의 얼굴이 환해졌다.

병원을 나온 우리는 대니얼과 마리의 집으로 갔다. 거기서 그들의 여덟 살 난 아들 니코를 만났다. 그들 부부는 에이즈에 감염된 상태로 태어나 죄수인 부모에게 버림받은 니코를 입양했다. 니코는 영어를 모르고 나는 스페인어를 몰랐지만, 아이는 내게 나무 위에 있는 멋진 오두막을 보여 주었다. 대니얼은 니코가 세상을 떠날 때를 대비해 하나님이 집을 준비하고 계신다는 것을 아이에게 가르쳐 주기 위해 그 집을 지었다고 말했다.

오후 5시 30분. 나는 조용하게 저녁 시간을 보내고 일찍 잠자리에 들고 싶었다. 그러나 우리는 다시 도시로 나가 경계가 엄중한 감옥을 방문했고, 에이즈로 죽어가는 죄수들을 돌아보았다. 끔찍한 장소였다. 냄새는 지독했고 사람들의 상태는 처참했다. 힘없이 병상에 누운 채로 죽어가고 있었다. 하지만 대니얼과 마리 부부는 그들을 안아 주고 사탕과 샴푸를 선물하고 그들과 함께 기도하고 사랑으로 위로했다.

우리가 감옥을 나선 시간은 저녁 10시 30분이었다. 대니얼과 마리는 매주 한 번씩 그곳을 찾는다고 했다. 우리는 저녁을 못 먹어서 식당으로 갔다. 아르헨티나 사람들은 고기를 많이 먹는다. 나는 전채 요리로 나온 샐러드가 주 메뉴인 줄 알았다. 고기가 아주 많이 들어 있었기 때문이다. 그런데 고기 샐러드 한 접시를 실컷 먹고 난 뒤 내 앞에 주요리가 나왔다. 이것이 바로 자정이 다 된 시각에, 일요일 가족 만찬으로도 부족함이 없을 것 같은 커다란 고기가, 그것도 두 덩이나 내 앞에 놓이게 된 경위다. 대니얼과 마리의 삶은 하나님의 은혜가 가진 강력한 능력을 생생하게 보여 준다. 그것은 예수님이 식사를 함께 하며 구현하셨던 은혜다.

> 누가복음 5:27-32
>
> 그 후에 예수께서 나가사 레위라 하는 세리가 세관에 앉아 있는 것을 보시고 "나를 따르라" 하시니 그가 모든 것을 버리고 일어나 따르니라.
>
> 레위가 예수를 위하여 자기 집에서 큰 잔치를 하니 세리와 다른 사람이 많이 함께 앉아 있는지라. 바리새인과 그들의 서기관들이 그 제자들을 비방하여 이르되 "너희가 어찌하여 세리와 죄인과 함께 먹고 마시느냐?" 예수께서 대답하여 이르시되 "건강한 자에게는 의사가 쓸 데 없고 병든 자에게라야 쓸 데 있나니 내가 의인을 부르러 온 것이 아니요 죄인을 불러 회개시키러 왔노라."

여기서 문제는 잔치가 아니었다. 바리새인들은 하나님 나라가 잔치로 이루어지리라는 것을 알고 있었다. 그들이 문제삼은 것은 손님 명단이었다.

세리들은 흔히 지위를 이용해 사람들을 속였기 때문에 사회적으로 배척당했다. 그뿐 아니라, 그들은 적을 위해 일하는 부역자였다. 게다가 당시 유대인들은 하나님이 로마인들을 무찌르고 그분의 나라를 다시 세우실 날을 고대하고 있었다. 그러니까 당시는 단지 유대인 대 로마인의 구도가 아니라, 하나님 대 로마인의 구도라고 할 수 있는 상황이었다. 세리들은 그런 구도에서 로마 편을 든 것이다. 그들은 민족을 배반했을 뿐 아니라 하나님을 배반한 자들이었다. 하나님의 적이었다.

그런데 그들이 하나님의 메시아와 잔치를 벌이고 있다. 하나님이 적들과 마주 앉아 식사를 하고 계신다.

이것이 얼마나 받아들이기 어려운 상황인지 알려면, 당시 유대 사회에서 식사가 어떤 역할을 했는지 파악해야 한다. 신약학자 스콧 바치(Scott Bartchy)의 말을 들어 보자.

1세기 지중해 유역의 사회에서 밥상 교제의 중요성은 아무리 강조해도 지나치지 않을 것이다. 식사는 개인이 영양분을 섭취하는 일 그 이상이었다. 다른 사람의 식사에 초대받는 것은 그들과의 우정, 친밀함, 일치를 드러내는 상징적인 의식이었다. 따라서 식사를 함께 한 사람에 대한 배신이나 불충은 비난받아 마땅한 일로 여겨졌다. 또한 식사 초대는 관계가 소원해진 사람들이 다시 화해할 통로가 되기도 했다.[1]

인류학자 메리 더글러스(Mary Douglas)는 유명한 에세이에서, 모든 문화권의 식사는 '경계표지'가 된다는 것을 보여 주었다. 식사는 상대방을 어느 정도로 가깝게 여기고 수용하는지 표시해 준다.[2] 더글러스는 레위기의 음식 및 성적 순결 관련 율법에 대해 영향력 있는 분석을 제시했다. 그녀는 그 율법들이 원시적인 보건 규정이 아니라 경계 유지와 관련된 것이었다고 주장했다. "한 민족이 외부의 침입이나 위험을 인식할 때, 몸속으로 들어가는 것을 통제하는 음식 규정은 위기에 처한 문화적 범주들에 대한 생생한 유비 역할을 할 것이다."[3] 신체 규제는 공통된 정체성을 유지하게 함으로써 사회체제를 규제하는 방법이었다.

유대인들의 음식 율법은 문화적 경계를 상징했을 뿐 아니라 만들어 내기도 했다. 유대인들이 이방인들과 같이 음식을 먹는 일은 쉽지 않았다. 오늘날도 마찬가지다. 밥상에 나오는 음식이 코셔 방식으로(정결 규례에 따라 고기와 유제품은 각기 다른 기구를 쓰고 피는 적절히 **빼내야** 하는 등) 준비된 코셔 음식(Kosher food, 정결 규례에 따라 만들어진 음식)인지 알 수가 없었기 때문이다. 음식 규정을 충실히 따르려다 보면, 음식을 같이 먹을 때 생겨나는 친밀한 관계 속에 들어갈 수 없었다. 학자들은 예수님 당시의 유대인들이 이방인들과 함께 식사하는 경우는 거의 없었을 것이라고 본다.[4] 이사야가 큰 잔치를 약속했을 때, 그 잔치에는 '모든 민족' '모든 백성' '모든 얼굴' '온 땅'(사 25:6-8)이 포함되었다. 그러나 예수님이 오시기 전, 유대인들이 바라는 다가올 잔치

의 손님 명단에는 이방인들이 없었다.[5]

1세기 무렵에는 음식에 관한 율법이 더 세밀해졌고, 유대교 바깥뿐 아니라 내부에서도 더 강한 경계를 만들어 냈다. 유대교의 심장부에는 약속의 땅을 이방인이 점령했다는 상처가 있었다. 바리새파는 이스라엘이 정결해진 다음에야 회복될 수 있다고 믿었다. 바리새주의는 성전 체제를 어느 정도 인정하면서 성전의 정결 규례를 가정까지 확대하려고 한 평신도 운동이었다. 그들은 토라가 제사장에게만 요구했던 정결 규례를 모든 유대인이 자발적으로 지켜야 한다고 촉구했다. 그것도 일 년 내내. "바리새인들은 가정의 밥상을 예루살렘 성전에 있는 주의 제단의 대리물로 여겼다. 따라서 가정에서 함께 식사하는 식구들끼리도 성전에서 섬기는 제사장들에게 요구되는 의식상의 정결을 유지하려 노력했다.…바리새인들은 모든 이스라엘 사람이 그런 거룩한 상태에서 살게 될 날이 오기를 갈망했다. 그들은 이스라엘의 정체성과 복된 미래가 그 일에 달려 있다고 믿었다."[6]

누가는 예수님의 밥상에 함께 앉은 사람들을 "세리와 다른 사람"(5:29)이라고 부른다. 그들을 "세리와 죄인"(30절)이라고 지칭한 사람들은 바리새인들이다. 메시지는 분명하다. 이 "다른 사람"은 바리새인들이 기대한 정결의 기준에 미치지 못한다는 것이다.

이런 기준들조차도 기준 미달로 본 유대교 분파가 있었으니, 에세네파였다. 에세네파는 쿰란 공동체에서 살았는데, 후대에 그곳에서 사해 두루마리가 발견되었다. 그들은 이스라엘이 극도로 오염된

까닭에 사막에서 자기들끼리 모여 사는 것 외에는 대안이 없다고 생각했다.

예수님 당시 유대교는 '누구와 식사할 수 있는가?'에 비상한 관심을 보였다. 현재의 거룩과 미래의 기대가 이 질문과 함께 묶여 있었다. "점심을 먹는 것은 신학의 실천이었다."[7] 예수님은 그 질문에 새로운 답을 제시하시기보다 그 전제를 허물어 버리셨다. 질문 자체를 부적절한 것으로 만들어 버리셨다.

예수님이 참석하신 또 다른 식사에서는 포용이 핵심 문제였다.

> 누가복음 11:37-41
> 예수께서 말씀하실 때에 한 바리새인이 자기와 함께 점심 잡수시기를 청하므로 들어가 앉으셨더니 잡수시기 전에 손 씻지 아니하심을 그 바리새인이 보고 이상히 여기는지라. 주께서 이르시되 "너희 바리새인은 지금 잔과 대접의 겉은 깨끗이 하나 너희 속에는 탐욕과 악독이 가득하도다. 어리석은 자들아! 겉을 만드신 이가 속도 만들지 아니하셨느냐? 그러나 그 안에 있는 것으로 구제하라. 그리하면 모든 것이 너희에게 깨끗하리라."

예수님은 식사 전에 손을 씻지 않으신다. 이는 도발적 행동이다. 우리 식으로 말하자면 악수를 거절하는 것과 같다. 그런 다음, 예수님은 본격적인 대화를 시작하기도 전에 이렇게 말씀하신다. "너희 속에는 탐욕이 가득하구나, 어리석은 자들아!" 이는 어떤 문화에서도 무례한 태도다! 온유하고 겸손한 예수님이 아니다. 싸움을 거는 예수님이다. 그분은 바리새인들의 의식상 정결 체계가 엉터리라고 말씀하신다. 이 종교 지도자들은 겉은 깨끗하지만 속에는 커피 찌꺼기와 립스틱 자국이 찌들어 곰팡이가 핀 커피 잔과 같다. 예수님은 그것을 역겨워하신다. 그리고 사실상 이렇게 말씀하신다. "이 잔이 겉은 깨끗해 보인다. 하지만 속까지 깨끗하기를 원한다면, 가난한 이들을 돕는 데 이것을 사용하라."

바리새인들의 입장에서는, 그 잔으로 가난한 사람들을 대접하는 순간 잔은 더러워진다. 가난한 자들은 정결 규례대로 씻지 않는 대표적인 이들이었기 때문이다. 그러나 예수님은 사랑을 표현하는 도구가 되면 잔이 깨끗해진다고 하신다. 진정한 깨끗함은 마음에 달려 있는 것이다(막 7:20-23).

겉모습이 훌륭한 이들에 대한 예수님의 비판은 여기서 더 깊이 들어간다. 바리새인들은 그럴싸해 보였지만, 예수님은 그들을 "평토장한 무덤"(눅 11:44)이라고 부르셨다. 사람들은 보지 못하지만, 그들의 내면은 죽었다.

가난한 사람들을 두고 하신 말씀은 의미심장하다. 한 율법교사가 볼멘소리를 하자, 예수님은 이렇게 대답하신다. "화 있을진저 또 너희 율법교사여! 지기 어려운 짐을 사람에게 지우고 너희는 한 손가

락도 이 짐에 대지 않는도다"(눅 11:46). 이런 정결 규례의 결과로 이방인들뿐 아니라 가난한 이들과도 경계가 생겼다. 종교 엘리트들은 부유한 이들이 아니고서는 도저히 유지할 수 없는 도덕적 고결함의 체계를 만들어 냈다. 부자들만이 그 모든 정결 규례를 지킬 시간과 돈이 있었다. 빈민가에서는 의식상의 깨끗함을 유지할 수 없다. 이것은 부르주아적 영성이다. 우리도 그렇게 될 수 있다. 옷차림, 행동, 교양, 시간 엄수 등에 대한 우리의 기대치가 가난한 이들에게는 너무 높게만 느껴질 수 있다. 동일한 구절들을 전문화된 교회 사역에도 적용할 수 있다. 이런 삶이 경건의 전형으로 보일지 몰라도 전업 사역자가 아닌 이들에게는 사실상 불가능하다.

율법 교사들은 그들이 우월감을 느낄 만한 체계를 만들어 놓고는 다른 사람들을 돕기 위해 손가락 하나 까딱하지 않았다. 이런 행태가 오늘날 어떤 모습으로 나타나는지 생각해 보라. 현대판 바리새인들은 역기능 가정의 가난한 이들을 정죄하면서도 그들을 돕기 위해 손가락 하나 까딱하지 않을 수 있다. 현대판 바리새인들은 가난한 사람들이 술을 과하게 마신다고 정죄하면서도 그들의 고통을 덜어 주기 위해 아무 일도 하지 않을 수 있다. 가난한 이들이 게으르다고 정죄하면서도 그들에게 일자리를 제공하는 일에는 전혀 신경 쓰지 않을 수 있다. 낙태하는 이들을 정죄하면서도 부모가 원하지 않는 아이들을 입양하는 일은 나 몰라라 할 수 있다. 지금 역기능 가정, 과음 등을 옹호하려는 것이 아니다. 그러나 멀찍이 거리를 두고 서서 정죄만 하면 안 된다. 그것은 율법주의다. 우리는 그들 곁으로 가서 변화시키는 하나님의 은혜를 선포하고 직접 보여 주어야 한다.

바리새인들은 하나님의 말씀을 가졌으면서도 그것을 가리는 사람들이다. 공식적으로 그들은 말씀을 존중하고 선지자들의 기념비를 세웠다. 그러나 실상은 하나님의 말씀을 무시하고 선지자들을 죽인 자들의 편을 들었다(눅 11:47-51). 가난한 이들이 결코 지킬 수 없는 체계를 만들어 내고, 따라오지 못하는 이들을 도와주기는커녕 경멸했다. 예수님은 그들에 대해 이런 결론을 내리셨다. "너희 율법교사들에게 화가 있다! 너희는 지식의 열쇠를 가로채서, 너희 자신도 들어가지 않고, 또 들어가려고 하는 사람들도 막았다!"(11:52, 새번역)

오늘날 우리 역시 이런 일을 벌일 수 있다. 성경에 대한 세련된 주해와 현란한 말솜씨를 늘어놓아 학식 없는 이들에게 성경은 혼자 읽을 수 없는 책이라는 느낌을 심어 줄 수 있다. 외면에 초점을 맞추고 마음에는 영향을 미치지 못하는 적용도 같은 결과를 낳는다. 은사주의자, 가톨릭 신자, 세대주의자, 근본주의자, 자유주의자, 이교도, 즉 우리를 제외한 모두를 배제하는 방식으로 성경 본문을 적용할 수도 있다. 특정한 신학적 틀로 성경을 읽어 본문이 말하지 **않는** 내용을 끌어낼 수도 있다. 지식만 강조하고 순종이나 사랑은 다루지 않는 것도 한 가지 방법이다. 누가복음의 핵심 주제 중 하나는 하나님의 말씀에 '유의하라'는 것이다. '유의함'은 구식 단어이지만 듣는 것과 **행함**을 멋지게 아우른다.

예수님은 하나님의 잔치 초대장을 나누어 주신다. 초대장의 내용은 분명하다 "새로운 세계에서 **열릴 나의 잔치에 초대하노라. 있는 모습 그대로 오라.**" 종교 지도자들도, 잔치가 있고 초대장이 있고 참석 가능하다는 데까지는 동의했다. 그러나 그들은 초대장을 돌리며 "있는 모습 그대로 오라"고 말하지 않았다. "변화받아야 한다. 깨끗해져야 한다"고 말했다. 그 결과, 사람들은 잔치에 오지 않았다. 자신들이 부족하다고 생각했기 때문이다. 바리새인들은 그렇게 해서 지식의 열쇠를 가로챘다.

솔과 필라 크루즈 부부를 알게 되어 그들이 멕시코시티의 빈민가에서 진행하는 사역에 참여하게 된 것은 내게 큰 특권이었다. 솔은 어릴 때부터 건전하고 훌륭한 복음주의 교회에 다녔다. 필라는 솔이 인도하는 성경공부 모임을 통해 회심했고 두 사람은 곧 교제를 시작했지만, 솔의 어머니는 두 사람의 관계를 탐탁지 않게 여겼다. 필라는 주부가 된 지금도 하이힐과 짧은 치마를 즐긴다. 훌륭한 중산층 복음주의 그리스도인으로서는 곤란한 복장이다. 그러다 솔의 어머니는 필라가 교회 오전 예배를 빠지기 시작했음을 알게 되었다. 아들의 여자 친구에 대한 의혹이 사실로 확인되는 순간이었다. 그래서 어느 주일, 솔은 몰래 필라의 뒤를 밟았다. 그녀는 버스를 타고 가난한 이웃 동네로 건너갔다. 그곳에서 그녀보다 나이가 많은 남자를 만나 둘이서 빈민가 어린이들을 위한 즉석 주일학교를 열었다. 얼마 후 필라는 솔이 (숨는다고 숨어) 있던 곳으로 건너오더니 원하면 같이 해도 좋다고 말했다. 오전 예배를 빠진 일에 대해 그녀는 이렇게 해명했다. "예수님이 구세주시라면 이 사람들의 구세주이기도 하잖아요. 그런데 당신 교회는 이들에게 다가가려는 어떤 노력도 하지 않아요." 솔은 눈을 반짝이며 내게 말했다. "바로 그때 알았어요. 이 여자가 내 운명이라는 걸."

그들은 가난한 동네에서 한 지역 교회와 함께 일하기 시작했다. 그 교회의 교인들은 비교적 부유했고 그 지역 바깥에서 살았다. 솔과 필라는 매춘부와 마약중독자들에게 다가가 친구가 되고 그들의 필요를 섬기고 복음을 전했다. 그리고 그들 중 일부가 교회에 나오기 시작했다. 그러던 어느 주일 아침, 그들이 교회에 나와 보니 출입문이 잠겨 있었다. 매춘부와 마약중독자들이 교회 아이들을 물들이는 것이 싫어서 교인들이 사전 협의 없이 다른 장소로 교회를 옮긴 것이었다. 교인들이 뛰어넘기에는 그 교회와 주변인들 사이의 문화적 간격이 너무 컸다.

그래서 솔과 필라는 다시 시작했다. 누군가가 기증한 쓰레기 처리장에 '도시 변화 센터' 아르모니아('조화'를 뜻하는 스페인어)를 지었다. 슬럼가 사람들이 교회라는 단어에 갖는 거부감 때문에 일부러 교회라는 호칭을 피했다.

한번은 집짓기 프로그램을 추진했는데, 새 집을 지어 열쇠를 넘겨주려고 보니 입주할 부부가 혼외 동거 상태라는 것을 알게 되었다. 가난한 사람들에게 결혼은 돈이 너무 많이 드는 일이었다. 관련 서류를 준비하는 데도 돈이 필요했고, 사회에서 기대하는 수준의 피로연은 너무 큰 부담이었다. 사정이 그렇다 보니 여성들이 아무런 법적 보호를 받지 못하고 있었다.

누가복음 11장의 율법교사들 같았으면 팔짱을 끼고 고개를 가로 저었을 것이다. 그러나 솔과 필라는 주민들을 돕기 위해 팔을 걷어붙였다. 그들은 합동결혼식을 기획하고 주민센터에서 한 번에 열 쌍 남짓한 커플을 모아 결혼식을 치렀다. 지역 판사에게 도움을 구해 결혼식 주례를 무료로 요청하고, 부유한 교회들을 설득해 결혼반지를 협찬받고, 지역 주민들을 위해 잔치를 열었다. 손자 커플과 할머니 할아버지 커플이 같은 결혼식에서 정식 부부가 되기도 했다.

은혜는 모든 것을 뒤집는다

레위의 잔칫날로 돌아가 바리새인들의 입장에서 상황을 한번 보자. 예수님은 하나님의 원수들을 환영한다. 이것은 그가 하나님이 보낸 사람이라는 주장을 허튼소리로 만드는 증거 아닌가? 그들의 이런 입장은 일리가 있지 않은가?

하지만…하나님이 뭔가 새로운 일을 하시는 거라면, 기존의 어떤 범주에도 들어맞지 않는 전혀 새로운 일을 하시는 거라면 얘기가 달라질 것이다. 우리가 짐작도 할 수 없는 지극히 은혜로운 일을 하고 계시는 거라면 말이다.

누가복음 5장의 식사 자리에서 무슨 일이 벌어지는지 보라.

누가복음 5:12-15에서 예수님은 나병 환자를 만지신다. 보통 그렇게 하면 만진 사람이 더러워진다. 그러나 여기서는 예수님이 더러워지는 것이 아니라, 나병 환자가 깨끗해진다. 하나님의 은혜는 그렇게 작용한다. 하나님의 은혜는 배척당한 자들을 환영하고 변화를 가져온다. 불결함이 갑작스럽게 전염성을 잃는다. 구약 레위기 체제에서는 불결함이 전염되었다. 누군가 뭔가 불결한 것에 접촉하면 덩달아 불결해졌다. 그러나 예수님의 경우에는 그분의 거룩함이 전염성을 갖는다.

예수님은 레위기의 정결 규례에 문제가 있어서 거부하신 것이 아니다. 그분은 정결 규례가 성취되고 있음을 보여 주신 것이다. 레위기가 거룩한 민족에게 정결 규례의 필요성을 알려 주었다면, 예수님은 죄를 용서하시고 성령으로 세례를 베푸시고 우리 마음속에 하나님의 법을 새겨 주실 분이다. 레위기 방식의 정결함이 다른 것으로 대체되고 있다.

누가복음 5:17-26에서 예수님은 중풍병자를 치유하실 뿐 아니라 그의 죄를 용서하신다. 당시 죄 용서는 성전 의식과 이어져 있었다. 그러나 예수님은 성전과 상관없이 말씀 한 마디로 죄를 용서하신다. 실체가 나타나자 그것을 상징하고 가리키던 성전은 뒤로 물러났다.

누가복음 5:33-35에서 바리새인들은 예수님의 제자들이 왜 금식하지 않느냐고 묻는다. 유대인들은 하나님이 자비로 임하셔서 이스라엘 민족을 해방시켜 달라고 금식하며 기도했다. 하지만 자비로 가득한 하나님의 메시아가 이미 오셔서 세리들과 함께 밥상에 앉아 계신다면 어떻게 될까?

누가복음 5:36-39에서 예수님은 이 부분을 분명하게 드러내신다. 뭔가 새로운 일이 벌어지고 있다. 너무나 새로워서 옛것에 그냥 덧붙일 수가 없다. 새 천을 낡은 천에 덧대어 기울 수 없는 것과 같다. 이것은 옛 체계를 약간 뜯어고치는 일이 아니다. 은혜는 자기 의나 자만과 합쳐질 수 없다. 은혜는 근본적으로 다르고, 근본적으로 새롭다.

예수님의 잔치는 축하하는 자리다. 바리새인들은 하나님과 그분의 나라가 그들과 함께하지 않는다고 애도한다. 그러나 하나님은 예수님 안에서 자기 백성에게 오셨고 그분의 나라가 시작되었다. 그래서 금식이 잔치에 밀려난다. 기쁨과 함께 잔치가 벌어진다. 그래야만 한다.

옛 방식을 새 방식과 비교해 보라. 새 방식은 종교적이지 않고 배타적이지 않고 거부하지 않는다. 대신 은혜롭고 포용하고 환영한다. 새 방식의 특징은 금식 대신 잔치, 불평 대신 기쁨이다. 자신을 의롭게 여겨 구세주를 거부하는 대신, 자신의 필요를 인식하고 구세주 안에서 소망을 발견한다.

두 목록을 살펴보라. 한쪽은 은혜롭고 포용하고 환영하고 잔치를 열고 기뻐하고 자신의 필요를 인식한다. 다른 쪽은 종교적이고 배타적이고 거부하고 금식하고 불평하고 자기 의에 빠진다. 당신은 새로운 방식에 속한 사람으로 살고 있는가?

예수님은 자신을 이렇게 설명하신다. "건강한 자에게는 의사가 쓸 데 없고 병든 자에게라야 쓸 데 있나니 내가 의인을 부르러 온 것이 아니요 죄인을 불러 회개시키러 왔노라"(눅 5:31-32). 바리새인들은 병든 사람들을 피해 다니는 의사처럼 처신하라고 예수님에게 요구하고 있다. 그런 의사가 무슨 일을 할 수 있겠는가. 구세주 예수님은 죄 많은 사람들과 함께 있지 않고서는 그분의 일을 감당하실 수 없다.

예수님을 따르는 사람들도 마찬가지다. 죄인들과 함께 시간을 보내지 않고서는 그들에게 구세주를 알리는 임무를 수행할 수 없다. 레위가 예수님을 따른 후 처음으로 한 일은 잔치를 베푼 것이었다. 당신도 처음 그리스도인이 되었을 때는 친구들에게 예수님을 소개했을지도 모르겠다. 하지만 얼마 후 그 친구들과의 관계가 소원해졌다. 교회 일을 하느라 너무 바빠 시간이 없었을 수도 있다. 새로워진 모습 때문에 옛 친구들과 어울리기 어려웠을 수도 있다. 그 친구들에게 안 좋은 영향을 받을 수 있다는 경고를 받고 일부러 멀리하게 되었을 수도 있다. 하지만 죄인들을 피하는 이들은 결국 바리새인들과 같다. '죄인들의 친구'라는 별명을 얻는 이들이야말로 그들이 섬기는 구주와 같다고 할 수 있다.

* * *

하나님의 은혜는 기존 상태를 근본적으로 뒤집는 특성이 있다. 누가복음을 관통하는 메시지가 있다. 마지막 날에는 먼저 된 자가 나중 되고 나중 된 자가 먼저 될 거라는 메시지다. 예수님의 식사는 그날을 그림처럼 보여 준다. 그 자리에서 그분은 주변인들을 환영하셨고, 독선적이고 자립적인 사람들을 나무라셨다.

은혜는 종교적인 사람들의 세상을 뒤집어엎는다. 그들은 인생을 사다리로 생각한다. 의로운 행위를 하면 하나님께 이어진 사다리에서 몇 칸 더 올라간다. 사다리의 어느 위치에 있는가에 따라 행복감이 결정된다. 저 아래에 있는 다른 사람들을 내려다보는 것만큼 기분 좋은 일은 없다. 바리새인들은 세리들이 있어야 자신이 의롭다는 느낌을 유지할 수 있다.

그러나 하나님의 은혜는 세상의 사다리도 꺾어 버린다. 누구나 구원을 얻고자 애쓴다. "구원을 받으려면 어떻게 해야 하나?"라고 묻지 않을지라도, 누구나 만족과 성취감, 인정받는 느낌을 선사해 줄 그 무엇에 대한 나름의 생각을 갖고 있다. 사업 성공, 사람들의 존경, 아름다운 집, 해방된 고국, 안정된 미래, 여자들의 숭배, 멋진 몸, 부와 번영, 친구들의 인정, 행복한 가정, 꿈같은 휴가.

주변 사람들을 둘러보라. 그리고 자신의 경우를 생각해 보라.

1. 그들은 구원을 어떻게 정의하는가? 구원에 도달했음을 어떻게 아는가? "…하면 행복해질 거야. 성취감을 얻고 인정받게 될 거야."
2. 구원받기 위해 무엇을 해야 하는가? 어떤 율법이나 규칙을 따르는가?

"이것을 달성하기 위해 나는…해야 해."

3. 이 율법을 지키지 못하는 사람들을 어떻게 보는가? "따라오지 못하는 사람들은…이다."
4. 자신이 이 율법을 지키지 못할 때 어떤 일이 벌어지는가? "내가 제대로 하지 못하면 그때는…."

바리새인들의 구원은 국가적 쇄신이다. 그리고 그것을 이루는 길은 개인의 정결이다. 세리, 죄인, 가난한 이들처럼 여기에 미치지 못하는 이들은 몰아내야 한다.

모든 구원론에는 원칙, 규칙, 율법이 포함된다. 친구들의 인정을 받는 것이 구원이라고 생각하는 사람의 첫 번째 계명은 "구질구질하지 말지니라"가 될 것이다. 구질구질한 사람들은 어떻게 해서든 피해야 한다. 아름다운 집이 구원이라고 생각하는 사람의 예언자는 마사 스튜어트(Martha Stewart)일 것이다. 그의 규칙은 앤틱 파인, 타일 깐 바닥, 고풍스러운 느낌의 페인트, 매끈한 선, 하얀 벽, 깔끔함, 이런 것이 될지 모른다. 인생은 경주이고, 부와 성공 매력을 갖추지 못하면 패배자가 된다.

그러나 자기 구원은 소용이 없다. 그 어떤 자력구원론도 약속을 지키지 않기에 쓸모가 없다. 그런 것들은 만족감, 존재 가치, 기쁨을 가져다주지 않는다. 우리는 하나님을 알고 그분께 영광을 돌리도록 만들어진 존재이기 때문이다. 그보다 못한 것은 싸구려 대체물이다.

구원이 아니다!

 자기 구원이 소용없는 이유는 또 있다. 우리는 그것이 제시하는 기준에 이를 수 없기 때문이다. 남자들이 우러러볼 만한 선망의 대상이 되고 싶은데 남자다움이 부족하면 어떻게 하나? 끝장이다. 그래서 비교적 상태가 괜찮은 날에도 다른 사람들이 나를 어떻게 생각할지 계속 걱정하게 될 것이다. 안정과 번영을 원하다 직장을 잃으면? 끝장이다. 그래서 직장이 있을 때도 마음은 불안하고 끊임없이 바쁘다. 어떤 요구도 거절하지 못한다. "사람이 의롭게 되는 것은 율법의 행위로 말미암음이 아니요 오직 예수 그리스도를 믿음으로 말미암는다"(갈 2:16).

 좋은 소식이 있다. 예수님은 "의인을 부르러 온 것이 아니요 죄인을 불러 회개시키러 왔다."

 예수님은 참된 구원을 주겠다고 말씀하신다. 하나님의 잔치에 참여하게 해주겠다는 말씀이다. 우리가 기준에 미치지 못할지라도 저주를 받지 않는다. 하나님은 우리를 정죄하지 않고 우리를 대신하여 정죄를 받으신다. 그래서 우리는 어떤 율법을 지켜서가 아니라 "예수님을 믿음으로" 구원을 받을 수 있다.

아무도 두고 가지 않는다

 영화 "미스 리틀 선샤인"(Little Miss Sunshine)은 어린이 미인대회 '리틀

미스 선샤인'의 지역 최종예선 출전권을 얻게 된 소녀의 이야기다. 문제투성이 가족이 소녀의 대회 출전을 위해 길을 나선다. 커다란 안경을 쓴 소녀 올리브는 어린이 미인대회 출전을 앞둔 통통한 소녀다. 올리브는 이렇게 말한다. "난 패배자가 되고 싶지 않아요. 아빠가 패배자를 싫어하거든요." 아버지는 실패한 자기계발 강사다. 그의 대사는 패배한 사람들을 깎아내리는 상투적인 경구로 이루어진다. 물론 그와 가족들 모두가 패배자라는 사실은 아이러니다. 그는 이렇게 말한다. "이 세상에는 두 종류의 사람이 있다. 승리자와 패배자." '패배자'라는 말이 나올 때 카메라는 그의 가족을 차례로 비춘다. 말투가 천박한 아버지, 자살 시도를 한 동성애자 처남, 말하기를 거부하는 아들, 남편의 구박을 받으면서도 어떻게든 가족을 하나로 끌고 가기 위해 필사적으로 노력하는 아내, 그리고 본인의 실패를 직시하지 못하는 실패한 사업가인 그. 그들은 폭스바겐 밴에 한데 올라타는데, 이놈의 차가 문제투성이다. 문은 떨어져 나가고, 경적은 계속 울려대며, 매번 차를 밀어서 시동을 걸어야 한다. 가끔 우리 교회 교인들을 둘러볼 때도 문제투성이 사람들이 모여 가족을 이루고 살아가는 모습이 눈에 들어온다. 하나님의 터무니없는 은혜 때문에 슬그머니 웃음이 나온다.

영화의 한 장면에서 가족은 밴 안에 올리브가 없다는 것을 문득 깨닫는다. 주유소에 두고 온 것이다. 관객은 밴이 멈추지 않고 한 방향으로 계속 움직이면서 소녀를 태우는 광경을 보게 된다. 재시동을 걸 수 없기 때문이다. 그 다음, 밴은 다시 방향을 잡고 제대로 달린다. 이때 아버지의 음성이 들린다. "아무도 두고 가지 않아. 아무도 두고 가지 않아." 이것이 교회다. 누구도 버려두고 가지 않는 곳이다.

영화의 절정 부분에서 이 문제투성이 가족은 미인대회장에 도착한다. 그곳은 흠도 결점도 없이 (말 그대로 매니큐어로) 완벽하고 훌륭하게 손질된 세상의 전형이지만, 속에서는 질투, 경쟁심, 오만의 기운이 부글부글 끓는다. 그리고 이 두 세계가 충돌해 우스꽝스러운 결과를 만들어 낸다. 예수님은 기존 질서를 뒤엎는 하나님의 은혜의 메시지로 자립, 자부심, 우월의식, 위선, 자기정당화가 넘쳐나는 바리새인들의 세계와 정면충돌하신다.

누가복음 6:11에 이르면, 레위의 잔치와 하나님이 하시는 새롭고 은혜로운 일의 묘사가 절정에 이른다. "[서기관과 바리새인들은] 노기가 가득하여 예수를 어떻게 할까 하고 서로 의논하니라." 로버트 캐리스는 이렇게 말한다. "누가복음에서 예수님은 식사 방식 때문에 살해당하셨다."[8] 예수님이 레위와 함께 식사를 하심으로 전하신 메시지는 분명하다. 예수님은 패배자들, 주변인들, 삶을 엉망으로 만들어 버린 이들, 그저 그런 사람들을 위해 오셨다. 예수님은 당신을 위해 오셨다. 구원에서 배제되는 사람들은 하나님이 필요 없다고 생각하는 이, 자기 의에 빠진 이, 자기 잘난 맛에 사는 이들뿐이다. 그러나 안타깝게도 여기에 해당하는 사람이 많다.

세 가지 은혜 이야기

누가복음 15장은 잃어버린 양, 잃어버린 동전, 잃어버린 아들이 나오는 세 가지 유명한 비유를 담고 있다. 예수님이 왜 이 비유를 전하시게 되었는지 보라. "모든 세리와 죄인들이 말씀을 들으러 가까이 나아오니 바리새인과 서기관들이 수군거려 이르되 '이 사람이 죄인을 영접하고 음식을 같이 먹는다' 하더라"(1-2절).

이는 앞서 레위의 집에서 봤던 것과 같은 문제다. 예수님의 어떤 매력 때문인지 몰라도, 세리와 죄인들은 그분과 함께 있고 싶어 했다. 그리고 예수님은 그들과 함께 식사를 하셨다. 이것은 우정과 교제의 증표다. 그런데 바리새인들과 율법교사들은 분개했다. 예수님은 이 세 가지 비유를 들어 본인의 입장을 해명하신다. 어떤 의미에서 이 비유들은 의인이 아니라 죄인을 부르러 왔다는 누가복음 5:31-32 말씀을 확장한 것이다. 예수님은 잃어버린 자들을 찾으러 오셨고, 잃었던 자를 찾은 순간에는 언제나 잔치가 벌어졌다. 목자와 한 여인, 아버지가 여는 잔치는 모두(15:6, 9, 23-24) 하늘에서 벌어지는 축제를 상징한다(15:7, 10).

세 비유 모두 죄인과 세리 이야기다. 그들은 잃어버린 양, 잃어버린 동전, 잃어버린 아들과 같다. 예수님은 그들을 찾아서 구하기 위해 오셨다. 최근에 나는 거식증을 앓는 젊은 여성과 함께 탕자 비유를 읽었다. 그 이야기가 딱 그녀를 위한 것임을 발견한 우리는 둘 다

깜짝 놀랐다. 그동안 나는 그 이야기를 수백 번도 더 읽었지만, 그녀와 함께 읽으면서 비로소 음식이 그 이야기에서 얼마나 큰 비중을 차지하고 있는지 깨달았다. 음식은 둘째 아들이 경험한 회복의 절정을 나타내기도 하지만 동시에 그의 상실의 깊이를 나타내기도 한다. 돼지밥을 탐내는 그의 모습을 보면서 우리는 그의 처지가 얼마나 심각한지 알게 된다. 그제서야 그는 아버지의 그 많은 품꾼들에게는 "먹을 것이 남아도는데" 아버지를 멀리 떠난 자신은 "여기에서 굶어 죽게"(눅 15:17) 생겼음을 깨닫는다.

그러나 세 번째 비유는 바리새인들의 이야기이기도 하다. 그들은 비유 속의 맏아들과 같다. 맏아들은 탕자 동생이 환영받는 것을 보고 자신의 노동이 무의미했다고 느낀다. 그리고 화를 낸다. 그는 보상을 바라고 열심히 일했는데, 동생은 일하지도 않고 보상을 받았다. 은혜의 스캔들이다. 하나님과 올바른 관계를 맺기 위해 열심히 일하는 것이 시간 낭비라는 말이다. 하나님은 의로운 자, 불의한 자를 가리지 않고 모든 사람을 똑같이 환영하시기 때문이다. 하나님은 차별하지 않으신다. 큰아들은 이런 상황을 도무지 받아들일 수 없었기에 잔치에 참여하기를 거부한다.

그래서 아버지가 큰아들에게 간다. 둘째 아들을 위한 은혜가 있듯, 큰아들을 위한 은혜도 있다. 예수님은 세리와 죄인들뿐 아니라 바리새인들과도 식사를 같이 하신다(눅 7, 11, 14장). 예수님은 "자기 의에 사로잡힌 자들을 독선적으로 대하지 않으신다."[9] 큰아들은 왜 잔치에 참여하지 못하는가? 자신에게는 아버지 앞에 내세울 권리가 있다고 생각하기 때문이다. 이야기는 해결되지 않은 채로 끝난다. 맏아들은 잔치에 들어갈까, 들어가지 않을까? 우리는 모른다. 그 질문은 우리 몫으로 남겨져 있다. 큰아들에 대해 생각하다 보면 우리 자신에게도 같은 질문을 던지게 된다. 나라면 들어갔을까? 나는 하나님의 과도한 은혜를 어떻게 생각하는가?

레위의 잔치와 누가복음 15장의 비유들에서 구원은 사회의 주변인들에게 찾아온다. 이것은 오늘날의 주변인들에게 좋은 소식일 뿐만 아니라 다른 모든 이에게도 좋은 소식이다. 우리가 주변인들에게 주어지는 구원을 거부하고 하나님이 용납하시는 이들을 거부하면, 하나님의 은혜를 거부하는 것이 된다. 우리는 축제에 참여할 수 없게 된다.

누가복음에 나오는 예수님의 식사들을 좀더 자세히 살펴보면, 다음과 같은 사실을 알게 될 것이다.

- 하나님은 세상이 따돌리는 사람들을 은혜롭게 포용하신다.
- 하나님은 새로운 세계에서 펼쳐질 영원한 잔치를 약속하신다.
- 우리가 이웃을 환영하는 모습은 하나님이 죄인을 환영하시는 은혜를 반영한다.
- 예수님은 그분의 죽음과 부활을 통해 하늘의 잔치를 여신다.
- 하나님의 은혜로운 초청은 그분의 말씀을 통해 주어진다.

- 식사는 은혜, 공동체, 선교가 일어나는 자리다.

이제 하나님이 얼마나 은혜로우신지에 대해 놀라게 될 것이다. 예수님 안에서 하나님이 벌이시는 일은 너무나 새롭고 은혜로워서 그것을 대하는 우리는 깜짝 놀랄 수밖에 없다. 우리는 그 지나친 은혜에 분개한다. 그분은 모든 사람을 그분의 큰 잔치에 초대하신다. 최고의 성인들과 최악의 죄인들, 가장 높은 자들과 가장 낮은 이들을 초대하신다. 그분은 당신을 초대하신다.

* * *

자정에 내가 그 큰 고깃덩어리를 꾸역꾸역 먹는 동안, 대니얼은 은혜가 지닌 변화의 능력을 보여 주는 이야기를 들려주었다. 다름 아닌 바로 그 자신의 이야기였다. 그는 기독교 가정에서 태어났다. 십대 시절에는 소위 '위선적인 이중생활'을 했다. 겉으로는 훌륭한 교회 성가대원이었지만, 그는 한 소녀를 임신시켰고 두 사람은 같이 도망쳤다.

그는 편한 사무직 업무를 바라고 경찰이 되었다. 그러나 당시는 군사정부 시절이었기에 일종의 세뇌 훈련을 받았다. 훈련생들은 차량 문을 강제로 여는 법, 최루가스에 대처하는 법, 눈을 가리고 싸우는 법을 배웠다. 그들은 유대인들과 테러범들을 미워하도록 교육받았다. 그리고 6개월 후, 대니얼은 엘리트 테러진압부대로 차출되었다.

그는 사람들이 고문당하는 장소의 입구를 지켰다고 했다. 한번은 그들이 서른 개의 '화물'이 들어 있는 트럭을 '처리했는데', 이것은 사람들을 데려가서 죽였다는 말을 완곡하게 표현한 것이다. 그는 통제력을 잃고 폭력적으로 변해 갔다. 가족과 다른 경찰들, 심지어 상관들에게까지 대들고 공격하기 시작했다. 범죄 활동에도 개입했다. 수류탄을 들고 나가 무장 강도짓을 하기도 했는데, 그 수류탄을 지금도 갖고 있다고 했다.

결국 대니얼은 경찰 한 명을 살해한 혐의로 체포되었다. 그는 정신이상자로 간주되어 형사법정에서 재판을 받지 않았다. 대신 보안이 철저한 정신병원에 갇혔다. 2년 동안 그는 구속복 외에는 옷도 없고 변기도 없는 삭막한 병실에서 지내며 매일 40가지 약물의 혼합제를 먹었다.

한번은 하나님은 존재하지 않지만 사탄은 존재한다고 믿는 사람과 병실을 함께 쓰게 되었다. 그 사람은 40일 동안 성경을 읽으면서 사탄에 대해 알아보자고 제안했다. 대니얼은 내키지 않았지만, 그 사람이 약물 부작용으로 눈이 상해 책을 읽을 수 없는 상태여서 어쩔 수 없었다. 대니얼은 하루에 59쪽씩 성경을 읽어 나가기 시작했다. 40일 만에 한 권을 다 읽으려면 그만큼은 읽어야 했다. 나흘째 되는 날 그는 이런 내용을 읽었다. "그 말씀이 네게 매우 가까워서 네 입에 있으며 네 마음에 있은즉 네가 이를 행할 수 있느니라.···내가 오늘 하늘과 땅을 불러 너희에게 증거를 삼노라. 내가 생명과 사망과 복과 저주를 네 앞에 두었은즉 너와 네 자손이 살기 위하여 생명을 택하라"(신 30:14, 19). 그 순간, 두 사람 모두 하나님이 그 자리에 능력으로 임하시는 것을 느꼈다. 결국 상대방은 성경 읽기를 그만두고 싶어 했고, 대니얼은 혼자서 계속 읽어 나갔다. 며칠 후 그는 하나님께 자신을 묶고 있는 것을 풀어 달라고 기도했다. 그 즉시 그는 담배와 약물 혼합제에서 벗어났고 제정신으로 돌아왔다. 그는 그로부터 2년 이내에 병원 안에서 허드렛일을 맡게 되었고 다시 몇 달 후에는 퇴원했다.

대니얼은 하나님의 은혜를 체험한 후 완전히 달라져 주변인들을 위해 인생을 바치는 인정 많은 사람이 되었다. 식사를 같이 한 다음 날, 우리는 그 정신병원에서 치료를 받는 50명의 환자와 함께 소풍을 나갔다. 마테 차(전통 아르헨티나 음료)를 마시고, 축구를 하고 햇볕 아래 앉아 이야기를 나누었다. 이날, 환자들은 샤워를 하고 머리도 깎고 옷도 갈아입었다. 그렇게 오후가 다 끝날 무렵 모두가 함께 모여 찬양을 불렀다. 생일을 맞은 사람들을 앞으로 불러내어 "생일 축하합니다" 노래를 합창했다. 예수님의 식사처럼, 그날의 소풍은 주변부로 밀려난 사람들을 향한 하나님의 사랑을 아름답고도 구체적으로 표현한 자리였다. 사람들은 놀라운 하나님의 은혜를 느꼈다. 그 은혜는 그 자리에서 나눈 말을 이해하지 못한 사람들에게도 전해졌다.

대니얼은 그들에게 탕자 이야기를 읽어 주고 세 가지를 말했다. 첫째, 우리에게는 좋으신 아버지가 계신다. 대니얼은 환자들에게 하나님이 좋은 분인지 어떻게 아느냐고 물었다. 누군가가 대답했다. "하나님이 우리에게 오늘을 주셨어요." 대니얼이 말했다. "그래요. 어떤 사업가가 우리에게 새 아침을 줄 수 있겠습니까?" 둘째, 우리 모두 탕자 이야기에 나오는 아들처럼 하나님을 등지고 그분의 사랑을 거절하고 자신을 위해 살아왔다. 셋째, 하나님은 우리를 받아 주실 준비를 하고 계신다. 어떤 의미에서 우리는 하나님으로부터 멀리 떨어져 있다. 그러나 다른 의미에서 보면 하나님은 우리와 아주 가까이 계신다. 정신병동에 있던 대니얼의 경우처럼.

탕자 이야기에 나오는 아들은 "제정신이 들[었다]"(15:17, 새번역). 그는 돌아가 "나는 당신의 아들로 대접받을 권리가 있습니다"라고 말하지 않았다. 그는 자신이 그 권리를 내팽개쳐 버렸음을 깨달았다. 그리고 이렇게 말한다. "저는 아무 권리가 없습니다. 하지만 제발 저를 용서해 주세요. 저는 엉망진창입니다. 부디 저를 당신의 종으로 삼아 주세요." 그런데 그 순간 놀라운 반전이 펼쳐진다. 아버지는 아들의 말을 듣지 않는다. 아버지는 그를 아들로 받아들인다. 아들이 준비해 온 말을 절반도 하기 전에, 아버지는 아들의 귀향을 축하하기 위해 잔치 준비를 시작한다. 예수님 당시의 아버지들은 절대 뛰는 법이 없었다. 그것은 품위에 어긋나는 일이었다. 그러나 하나님은 달려와 우리를 만나 주신다.

우리가 에이즈로 죽어가는 죄수들을 방문하여 처음 들어간 감방에는 두 여성이 있었다. 한 사람은 전직 매춘부 소니아였다. 그녀는 하나님을 믿고 싶지만 그것이 너무 어렵다고 말했다. 대니얼은 탕자 이야기 속의 아버지, 그리고 그녀를 받아 줄 준비를 하고 계신 하늘 아버지 이야기를 해주었다. 다른 여성 소닐다는 베개 밑에서 성경을 꺼내 하나님이 자신을 받아 주셨음을 확신한다고 말했다. 그녀는 우리에게 시편 한 구절을 읽어 주었다.

여호와여 내가 주께 피하오니
  내가 영원히 수치를 당하게 하지 마소서!
주의 의로 나를 건지시며 나를 풀어 주시며
  주의 귀를 내게 기울이사 나를 구원하소서!
주는 내가 항상 피하여 숨을
  바위가 되소서.
주께서 나를 구원하라 명령하셨으니
  이는 주께서 나의 반석이시요 나의 요새이심이니이다. (시 71:1-3)

하나님의 은혜는 이렇게 크다. 은혜는 하늘에서 내려와 아르헨티나의 삼엄한 감옥에 임한다. 몇 번의 중죄를 저지른 여인, 에이즈로 죽어가는 여인, 가족과 떨어져 있는 여인에게 임하여 "하나님이 너의 피할 반석이시다"라고 속삭인다.

하늘에서 내려온 하나님의 은혜가 정신병원 안으로 스며들어, 끔찍한 범죄를 저지르고 정신마저 이상해져 인간 심연의 바다를 경험했던 한 남자에게 임했다. 그러자 그의 인생은 변화되었고 용감하고 사랑이 넘치고 온전한 사람이 되었다.

그런 하나님의 은혜가 당신에게도 임할 수 있다.

2
밥상은 공동체가 구현되는 자리다

누가복음 7장

저녁 만찬에 참석했다고 상상해 보라. 만찬을 주최한 사람은 존경받는 교회 지도자이자 지방의회 의원으로 상류층 거주 지역에 있는 대저택에 산다.

오늘밤 만찬은 방문 강연자를 기념하여 열린 것이다. 그에 대한 말이 많았던 터라 당신은 초청을 받아서 흐뭇하다. 그는 급진적 관점으로 많은 주목을 끌고 있다. 그와 전혀 얽히고 싶어 하지 않는 이들도 있다. 하지만 당신은 열린 마음의 소유자. 그가 어떤 사람인지 직접 알아볼 기회를 갖는 건 좋은 일이라고 생각한다.

초인종 소리가 울린다. 특별히 신경 쓰지 않고 있는데, 한 여자가 문을 열고 실내로 들어선다. 주최자의 아내는 얼굴을 잔뜩 찌푸린다. 새로 도착한 여자가 입은 블라우스는 몸에 꽉 끼고 가슴이 깊게 파였다. 치마는 짧아도 너무 짧고, 킬힐을 신었다. 진하게 화장한 그녀는 비틀거리며 걸어간다. 술을 좀 마신 것 같다. 길거리 여자처럼 보인다.

그녀는 곧장 연사에게 다가가 그를 껴안고 그의 얼굴을 끌어안는다. "난 언제나 당신 거예요." 여자가 중얼거린다. 그러고 나서 그녀는 그의 어깨를 주무르기 시작한다. 바로 그때 당신은 그녀가 울고 있다는 것을 깨닫는다. 마스카라가 번져 흘러내리고 있다.

파티장의 모든 사람이 얼어붙은 듯하다. 존경받는 인물이 이런 상황을 겪다니. 연사가 딱하다는 생각이 든다. 얼마나 창피할까.

그러나 그는 그녀를 밀어내기는커녕 바짝 다가가 두 팔로 안는다. 그리고 말한다. "그래, 넌 내 여자야." 하지만 그럴 리가 없다. 그녀가 어떤 여자인지는 매우 분명하다. 그도 알 수 있을 것이다. 그렇다면 분별력을 발휘해야 할 것 아닌가. 그녀의 행동은 미리 계산된 유혹일지도 모른다. 아마도 그럴 것이다. 그는 그녀의 '고객' 중 하나일 것이다. 이 강연자는 문제가 많은 사람임이 분명하다.

누가는 이 상황과 비슷한 저녁 만찬 이야기를 들려준다.

누가복음 7:36-39

한 바리새인이 예수께 자기와 함께 잡수시기를 청하니 이에 바리새인의 집에 들어가 앉으셨을 때에 그 동네에 죄를 지은 한 여자가 있어 예수께서 바리새인의 집에 앉아 계심을 알고 향유 담은 옥합을 가지고 와서 예수의 뒤로 그 발 곁에 서서 울며 눈물로 그 발을 적시고 자기 머리털로 닦고 그 발에 입 맞추고 향유를 부으

> 니 예수를 청한 바리새인이 그것을 보고 마음에 이르되 '이 사람이 만일 선지자라면 자기를 만지는 이 여자가 누구며 어떠한 자 곧 죄인인 줄을 알았으리라' 하거늘.

예수님은 죄인을 받아 주신다

이 자리에 대한 누가의 설명을 보면, 그리스·로마에서 이루어지던 향연(*symposium*), 즉 식사에 이어 긴 토론이 벌어지는 모임인 듯하다. 식사하는 사람들은 가운데 놓인 밥상을 중심으로 빙 둘러가며 긴 의자에 비스듬히 몸을 기대었고, 비워 놓은 한쪽 면으로 하인들이 요리를 날랐다. 빵과 포도주가 밥상에 놓이고 빵을 찍어 먹는 주 요리도 함께 놓였다. 식사하는 사람들은 다리를 뒤로 하고 비스듬히 누운 자세로 자리를 잡았다.

예수님 당시, 규모가 큰 집들에는 공공장소와 사유지의 중간쯤 되는 공간들이 있었다. 방의 일부는 외부인이 들어올 수 있는 뜰로 통했다. 방문자들은 집 안에서 무슨 일이 벌어지는지 볼 수 있었고 진행 중인 대화에 끼어들 수도 있었다. 거리에 있던 사람들은 언제라도 들어와 집주인에게 존경을 표하거나 상거래를 진행할 수 있었다. 가난한 이들도 남은 음식을 기대하며 기웃거렸다.

이 사실을 염두에 두면 이 이야기가 어떤 식으로 펼쳐지는지 좀더 쉽게 그려 볼 수 있다. 그 여인은 아마 공공장소에서 얼쩡거리다 집안 부엌으로 슬며시 들어와 긴 의자 뒤로 나와 있는 예수님의 발을 닦기 시작했을 것이다.

그런데 그곳이 일반적인 집이 아니라는 게 문제였다. 그곳은 바리새인의 집이고, 바리새인들은 정결을 지키기 위해 열심히 노력하는 사람들이었다. 약속의 땅은 로마의 점령으로 더럽혀졌지만, 해방의 날을 기다리며 적어도 자기 몸은 깨끗이 유지할 수 있었다. 그래서 그들은 죄인인 이 여자처럼 더럽다고 낙인이 찍힌 이들과의 접촉을 피했다. 그녀를 대놓고 매춘부라 부르지는 않았지만, 누가가 그녀를 "동네에서 죄인으로 알려진"(37절) 여자라고 말한 데서 그 사실을 유추할 수 있다.[1] 바리새인들에게 그녀는 전염병과도 같은 존재다. 하지만 예수님은 그녀를 받아 주신다. 그분은 죄인들을 환영하심으로 하나님의 은혜를 생생하게 보여 주신다.

우리도 그 정도는 괜찮다고 생각한다. "그리스도를 만나기 전에 나는 마약중독자에다 범죄자였지만 이제 내 삶은 달라졌습니다." 그리스도인들은 이런 멋진 변화의 이야기를 좋아한다.

그러나 이 여인은 예수님을 충격적일 정도로 친밀하게 대한다. 공공장소에서 하기에는 부적절한 행동이다. 그녀는 머리카락을 늘어뜨려 예수님의 발에 떨어진 자신의 눈물을 닦아낸다. 그 사회에서 머리카락을 늘어뜨린다는 것은 침실에서나 하는 행동이었다. "그것은 공적인 자리에서 가슴을 드러내는 일과 같았을 것이다."[2] 그 다음, 여인은 예수님의 발에 입을 맞추고 그 위에 향유를 부었다. 그녀가 예수님을 고객으로 대하고 있다는 암시마저 있다. 그것은 그녀가 남자들과 관계하는 유일한 방법이었을 것이다. "이 여자에게는 제대로 된 부분이 하나도 없다. 그녀는 이곳에 어울리지 않는 사람이고, 그녀의 행동은 예수님 같은 분을 상대로 하기엔 장소와 상관없이 부적절하다."[3] 그러나 예수님은 그녀를 제지하지 않으신다. 예수님은 이렇게 말씀하실 수도 있었을 것이다. "네 마음은 고맙다만 네 행동은 정말 부적절하구나." 하지만 그분은 아무런 대응도 하지 않으신다. 신약학자 존 놀란드(John Nolland)는 "여인의 이런 행동 앞에서 예수님이 아무런 조치도 취하지 않으셨다는 것은 엄청난 무언의 웅변이다"라고 말했다.[4] 그녀가 매춘부였는지 모르지만, 매춘은 환대를 상업적으로 패러디한 것이다. 그러나 예수님은 그녀의 행동을 진실한 것으로 파악하셨다. 관능적 행위가 아닌 사랑의 행위로 재해석하셨다.

예수님은 그분의 평판이 위기에 처할 수 있는 상황인데도 그녀를 제지하지 않으신다. "예수를 청한 바리새인이 그것을 보고 마음에 이르되 '이 사람이 만일 선지자라면 자기를 만지는 이 여자가 누구며 어떠한 자 곧 죄인인 줄을 알았으리라'"(눅 7:39) 했다. 예수님은 그녀와 한통속으로 취급받는 것을 기쁘게 여기셨다. 당신과 나 같은 사람과 한통속으로 취급받는 것을 기쁘게 여기시는 것처럼.

이 이야기를 쓰기 직전에 누가는 예수님이 '죄인들의 친구'라는 비난을 받는다고 적었다. 누가는 그 비난에 대해 예수님을 어떻게 변호할까? 변호하지 않는다. 오히려 그는 그 말이 사실임을 보이는 이야기를 들려준다. 예수님은 정말 죄인들의 친구시다. 그분은 우리와 한통속이 된 은혜로운 구세주로 자신을 드러내신다. 그분은 오셔서 죄인들과 '먹고 마심'으로 그들이 그분의 나라에 참여할 수 있음을 보여 주셨다. 다니엘 7장이 묘사하는 영광스러운 인자는 누가복음 7장의 밥상에 나오는 은혜로운 손님이시다.

누가는 세리와 창녀가 등장하는 이야기들을 일부러 고른 것 같다. 그들은 악명 높은 죄인들의 대표라고 할 수 있다. 누가는 우리를 시험하는 것 같다. 우리는 하나님의 은혜를 제대로 파악했을까? 난잡한 여인이 예수님의 몸에 입을 맞추는 장면에 우리는 어떻게 반응하는가? 하나님의 은혜를 기뻐하는가, 아니면 분개하는가? 알고 보면 하나님의 은혜는 참 거북하고 당황스럽기까지 하다. 예수님은 우리의 사회적 관계를 흩뜨려 놓으신다. 그분의 과격한 은혜는 사회적 상황에 혼란을 야기한다. 우리는 교회가 혼란에 빠지는 상황을 바라지 않는다. 우리는 교회 안의 주변인들을 '처리해야' 할 '문젯거리'로 여긴다.

사람들, 특히 주변인들과 어울리기 위해서는 먼저 하나님의 은혜를 깊이 알아야 한다. 우리의 본능은 그들과 멀찍이 거리를 두는 쪽으로 발동할 때가 많다. 그러나 하나님의 아들은 그들과 함께 음식을 드셨다. 그분은 그들을 창피해하지 않으셨다. 그들이 그분의 발에 입 맞추는 것을 허락하셨다. 그분은 하층민, 배신자, 멸시받는 이, 술꾼, 마약쟁이, 창녀, 정신병자, 빈털터리, 형편이 어려운 이들, 한마디로 사는 게 엉망진창인 사람들의 친구다.

그리고 결국, 예수님은 그들을 위해 목숨을 내어 주셨다. 누가는 이 이야기에 앞서 예수님의 적들이 그분을 '먹보에다 술꾼'이라고 비난한 상황을 적었다. 이 구절의 출처에 해당하는 신명기 21:21에는 반항적인 술꾼 아들을 돌로 치라는 명령이 나온다. 그들은 예수님이 이스라엘의 반항적인 아들과 같다고 말한 것이다. 그러나 "지혜는 자기의 모든 자녀로 인하여 옳다 함을 얻는다"(눅 7:35).

다른 말로 하면, 누가 진짜 반항적인 아들인지 드러나게 될 거라는 말이다. 그리고 역사는 예수님의 손을 들어 준다. 예수님은 신실한 아들, 이스라엘의 충성스러운 아들로 드러날 것이다. 이스라엘이야말로 하나님의 반항적인 아들이다.

그러나 여기에 기막힌 아이러니가 있다. 예수님은 반항적인 아들이 맞아야 할 죽음을 당하신다. 돌에 맞아서가 아니라 십자가에 달려 죽으신다. 반항적인 아들을 규탄한, 신명기의 같은 구절은 나무에 달린 사람은 누구든 저주를 받은 자라고 선언한다(21:22-23). 예수님은 반항적인 아들이 아니다. 내가 반항적인 아들이다. 당신도 그렇다. 그러나 예수님은 반항적인 아들의 죽음을 당하셨다. 그분이 나의 죽음을 당하셨다. 그분이 반항적인 죄인들의 죽음을 당하셨다.

죄인들이 예수님을 받아들이다

누가복음 7장 이야기에는 두 가지 측면이 있다. 예수님이 죄인들을 받아 주시는 이야기, 다른 하나는 죄인이 예수님을 받아들이는 이야기. 팀 코스텔로(Tim Costello)는 오스트레일리아 멜버른의 마약중독자 및 매춘부 그룹과 함께 이 이야기를 읽었던 이야기를 들려준다. 한 매춘부가 이렇게 말했다. "예수님은 정말 멋진 남자였던 게 분명해요." 그녀는 누가복음 속의 여자가 어떤 처지였는지 상상할 수 있었다. 그녀는 상류층이 사는 멜버른 교외의 저택에서 열리는 공식만찬을 떠올렸다. 그 만찬장에 초대장도 없이 들어가면 어떤 대접을 받을지 생각했다. 그녀는 그 여인이 예수님의 발에 기름을 붓기 위해 얼마나 큰 대가를 치러야 하는지 이해할 수 있었다. 다른 손님들이 얼마나 노골적으로 혐오감을 드러낼지 상상할 수 있었다. 사람들의 웅성거림과 노려보는 눈길이 생생하게 느껴졌다. 그 안에는 폭력의 위협도 있었다. 그녀는 그 여인이 예수님을 얼마나 사랑했는지 알 수 있었다.

2004년 예술가 마이클 고프(Michael Gough)는 '도상학'(圖像學)이라는 제목의 전시회를 열었다. 고전적인 1950년대 풍의 예수로 분장한 배우가 분주한 도로에 서서 지나가는 사람들을 축복했다. 고프의 말을 들어보자. "누구도 그와 대화를 나누지 않는다. 대도시의 사람들은 약속을 지키고, 모임에 참석하고, 계약을 성사시키고, 점심을 사러 가느라 분주하다." '예수님'에게 시간을 낼 수 있었던 사람은 스트

립클럽의 호스티스뿐이었다. 그녀는 자신이 보관하는 어머니의 유일한 유품은 침대 밑에 놓아두는 작은 예수상이라고 말했다.

누가는 잔치가 벌어진 장소가 바리새인의 집이라고 두 번이나 말한다(눅 7:36-37). 누가는 장소를 강조한다. 잔치가 벌어진 장소는 명백하다. 시몬의 집이다. 시몬이 잔치의 주최자라는 뜻이다. 그런데 과연 그런 것인가?

> **누가복음 7:44-50**
> 그 여자를 돌아보시며 시몬에게 이르시되 "이 여자를 보느냐? 내가 네 집에 들어올 때 너는 내게 발 씻을 물도 주지 아니하였으되 이 여자는 눈물로 내 발을 적시고 그 머리털로 닦았으며 너는 내게 입 맞추지 아니하였으되 그는 내가 들어올 때로부터 내 발에 입 맞추기를 그치지 아니하였으며 너는 내 머리에 감람유도 붓지 아니하였으되 그는 향유를 내 발에 부었느니라. 이러므로 내가 네게 말하노니 그의 많은 죄가 사하여졌도다. 이는 그의 사랑함이 많음이라. 사함을 받은 일이 적은 자는 적게 사랑하느니라." 이에 여자에게 이르시되 "네 죄사함을 받았느니라" 하시니 함께 앉아 있는 자들이 속으로 말하되 '이가 누구이기에 죄도 사하는가?' 하더라. 예수께서 여자에게 이르시되 "네 믿음이 너를 구원하였으니 평안히 가라" 하시니라.

오늘날의 파티 주최자라면 손님과 악수하고 겉옷을 받아 주면서 뭘 좀 드시겠느냐고 물어볼 것이다. 예수님 당시에는 잔치를 베푼 사람이 손님의 발 씻을 물을 제공하고 키스로 맞았다. 그러나 시몬은 그 어떤 조치도 취하지 않았다. 손님 접대의 기본조차 모르는 사람이었다.

그런데 손님도 아니었던 한 여인이 예수님을 제대로 맞았다. 예수님은 시몬과 그녀의 환대를 대조하여 말씀하신다.

- **너는 내게 발 씻을 물도 주지 아니하였으되 이 여자는** 눈물로 내 발을 적시고 그 머리털로 닦았다.
- **너는 내게 입 맞추지 아니하였으되 그는** 내가 들어올 때로부터 내 발에 입 맞추기를 그치지 아니하였다.
- **너는 내 머리에 감람유도 붓지 아니하였으되 그는** 향유를 내 발에 부었다.

예수님을 환영한 사람은 시몬이 아니라 한 여자였다. 더구나 그곳은 그녀의 집도 아니었다. 예수님이 말씀하신다. "이 여자를 보느냐?" (44절) 시몬이 그녀를 보지 못했을 리가 없다! 그러나 예수님은 이 여자를 "**너의 집**"과 대조하신다. "나는 **너의** 집에 있건만, 나를 맞아 준 사람은 **그녀로구나**."

그럼 그녀는 왜 그런 일을 한 것일까? 어쩌면 시몬이 예수님을 푸

대접하는 모습을 보면서 자신이 그동안 받았던 온갖 푸대접이 떠올랐을지도 모른다. 시몬은 예수님의 예능적 가치에만 관심을 가졌다. 괴짜 설교자와 기적을 행하는 사람은 사교 파티의 필수 손님이었다. 그는 예수라는 사람에게는 관심이 없었다. 그러나 이 여자는 그런 취급을 받는 사람의 처지에 공감할 수 있었다. 그녀는 남자들에게 존중받지 못하고 이용만 당하는 데 익숙했다.

그러나 사건은 여기에서 끝나지 않는다. 예수님은 여인의 믿음이 그녀를 구원했다고 말씀하신다(눅 7:50). 그녀가 한 일은 예수님을 통해 갖게 된 믿음의 반응이다. 그녀는 전에 예수님을 만난 적이 있을지도 모른다. 예수님이 그녀의 질병을 고쳐 주셨을 수도 있다. 물론, 예수님이 죄인들의 친구라는 평판을 들은 것이 전부일 수도 있다. 그녀는 예수님이 가난한 자들에게 좋은 소식을 선포하시는 광경을 보았을지도 모른다(눅 7:22-23). 다른 사람들을 정죄하지 말고 용서하라는 예수님의 말씀을 들었을 수도 있다(6:37). 어쩌면 가난한 사람들, 굶주린 사람들, 우는 사람들에게 복을 선포하시는 것을 들었을 수도 있다(6:20-22). 그분이 세리들과 함께 식사하신다는 말을 들었을 수도 있다.

그럼 시몬과 여인, 이 두 사람의 차이점은 무엇일까? 구경꾼들에게는 답이 뻔하다. 시몬은 의롭고 훌륭한 사람이다. 여자는 몸을 팔아 돈을 버는 저속한 죄인이다. 그러나 예수님은 상황을 전혀 다르게 보신다. 시몬이 예수님을 정죄하자, 그분은 자신을 변호하지 않고 그녀의 행동을 설명하신다.

> 누가복음 7:40-43
>
> 예수께서 대답하여 이르시되 "시몬아 내가 네게 이를 말이 있다" 하시니 그가 이르되 "선생님 말씀하소서" 이르시되 "빚 주는 사람에게 빚진 자가 둘이 있어 하나는 오백 데나리온을 졌고 하나는 오십 데나리온을 졌는데 갚을 것이 없으므로 둘 다 탕감하여 주었으니 둘 중에 누가 그를 더 사랑하겠느냐?" 시몬이 대답하여 이르되 "내 생각에는 많이 탕감함을 받은 자니이다" 이르시되 "네 판단이 옳다" 하시고.

원리는 간단하다. 누군가의 용서를 받으면 그를 사랑하게 된다. 누군가가 우리를 많이 용서하면 그를 많이 사랑하게 될 것이다. 시몬도 이 사실은 인정한다. 그리고 여인은 예수님을 많이 사랑하는 것이 분명하다. 그녀의 대담함, 눈물, 예수님을 향한 애틋한 감정을 보면 알 수 있다. 그래서 예수님은 그녀의 죄가 용서받았다고 자신 있게 선포하실 수 있었다.

그러면 시몬은 어떨까? 시몬은 잔칫집 주인으로서 갖추어야 할 일반적인 예의도 갖추지 않았고 가엾은 여자를 경멸했다. 그는 사랑을 베풀지 않았다. 여기서 내릴 수 있는 결론은 하나뿐이다. 그는 적게 용서받은 사람, 어쩌면 용서받지 못한 사람이다. 시몬은 율법주의자일 뿐 아니라 율법주의를 축으로 자신의 세계를 구축했다. 식사는 그 세계에 누구를 포함시키는지 알려 준다. 그리고 이 식사는 율법주의로 왜곡되었다. 시몬은 식사를 통해 누구를 받아들이고 싶지 않은지 밝히고 싶어 한다. 시몬은 자신이 의인들을 초대했다고 생각했고, 불의한 자들은 불청객이 될 수밖에 없다. 그러나 예수님은 의로움에 대한 시몬의 정의가 잘못되었음을 밝히신다.

시몬은 예수님이 여인의 실체를 꿰뚫어 보지 못하니 하나님의 예언자일 리가 없다고 판단한다. 그러나 충격적인 소식이 시몬을 기다린다. 예수님은 여인이 어떤 사람인지 아신다. 그녀의 죄가 크다는 점을 인정하신다. 하지만 그녀를 용서하신다. 그뿐이 아니다. 예수님은 시몬의 마음을 꿰뚫어 보신다. 누가는 "예수를 청한 바리새인이 그것을 보고 마음에 이르되…예수께서 대답하여 이르시되…"라고 적고 있다. 예수님은 시몬이 자신의 생각을 입 밖으로 말한 것처럼 그의 생각에 대답하신다. 그러나 정말 충격적인 일은 따로 있다. 예수님은 여인의 마음과 시몬의 마음을 다 보셨는데, 시몬의 마음에 더 큰 혐오감을 느끼신다는 것이다.

시몬이 여인을 대하는 태도는 그의 마음을 드러낸다. 늘 그렇다. 문제투성이 사람들, 까다로운 사람들, 우리와 다른 사람들은 어김없이 우리 마음을 폭로한다. 우리는 마음이 원하는 대로 행동하게 된다. 예수님은 앞장에서 이미 이 부분에 대해서 말씀하셨다(눅 6:43-45). 한번은 함께 사역하던 동료 목사와 내가 어려운 상황에 부딪혔는데, 그때 그가 이렇게 말했다. "내가 가장 실망한 부분은 이 상황으로 드러난 내 마음의 실체라네. 내가 여전히 사람들의 인정에 목매고 있다는 사실이 다시금 드러났거든. 하나님보다 사람들을 더 두려워하더라고." 누군가 까다롭고 실망스럽고 무례하게 굴 때, 그에 대한 반응을 보면 우리 마음의 실체를 알 수 있다. 분노와 원통함이 밀려온다면, 우리 안에 숨어 있던 지배, 존경, 성공의 '욕구'가 폭로된 것이다. 우리의 능력보다 하나님의 주권을 신뢰하고, 우리의 명성보다 하나님의 영광에 관심이 있다면, 전혀 다른 반응이 나올 것이다. 또한 교회 안의 누군가가 범죄하고 있음을 알게 될 때, 우리 마음의 실체가 드러나게 된다. 하나님이 주시는 은혜를 발견하기도 하지만 교만과 자기 의가 등장하기도 한다.

누군가를 냄새나고 규모 없고 게으르고 감정에 휘둘리고 난잡하고 사회성이 떨어지고 뒤끝이 있다고 무시할 때, 우리는 은혜를 모르는 시몬이 된다. 은혜를 이해하지 못한다고 사람들을 얕볼 때, 은혜를 모르는 시몬이 된다. 이런 모습에 해당하는 다른 누군가를 떠올릴 때, 우리는 시몬이 된다. 예수님은 말씀하신다. "너희가 다른 사람을 멸시한다면 적게 사랑하는 것이다. 너의 죄와 나의 은혜를 거의 이해하지 못할 때 나타나는 모습이기 때문이다."

시몬과 여인은 예수님을 바라보는 시각뿐 아니라 자신을 보는 방식도 다르다. 시몬은 죄 용서에 대한 감각이 없다. 용서가 필요하다는 것을 모르기 때문이다. 그러나 여인은 자신의 상한 모습을 뼈저리게 인식한다. 자신의 삶이 엉망진창임을 안다. 그녀에게 예수님은 자신을 받아 주는 분이다. 그래서 예수님을 주체할 수 없이 사랑한다. 그 사랑 때문에 사회적 불명예도 감수한다.

사람들, 특히 주변인들과 어울리려면 먼저 하나님의 은혜를 알아야 한다. 그들에게 베푸시는 은혜뿐 아니라 내게 베푸시는 은혜도 알아야 한다. 은혜가 나를 녹이고 깨뜨려야 한다. 알코올 중독자나 싱글맘이나 우울증에 빠진 사람, 실업자나 취업 가능성이 없는 사람들과 이야기할 때는 그들과 똑같은 죄인이 되어야 한다. 우리 모두 깨어진 세상에 사는 깨어진 사람들이다. 이것을 이해하지 못하면, 나의 선의는 생색내기로 전락할 것이다. 내가 하는 말은 모두 "나처럼 되세요"가 될 것이다. 하나님이 나에게 베푸시는 놀라운 은혜에 날마다 사로잡힐 때, 비로소 내 언행이 구원자이신 예수님을 가리킬 것이다.

* * *

로버트 퍼트넘(Robert Putnam)은 「나 홀로 볼링」(Bowling Alone, 페이퍼로드)이라는 책에서 지난 30년 사이 가족이 함께 식사하는 비율이 33퍼센트나 줄었음을 밝힌다.[5] 그중 절반 이상의 가족은 식사 도중 텔레비전을 시청한다. 같은 기간에 친구들과 함께 노는 경우는 45퍼센트가 줄었다. 어릴 때 나는 주일마다 부모님에게 이렇게 물었다. "오늘 저녁 식사에는 누가 오나요?" 올지 안 올지가 아니라 누가 오느냐가 문제였다. 부모님이 으레 누군가를 초대하셨기 때문이다. "전형적인 미국인 가정에서 저녁 식사를 같이 하는 식구의 수는 매주

세 명, 평균 식사 시간은 20분이다."⁶ 이제는 식당이 따로 없는 집이 많다. 우리는 외부인으로부터 자신을 보호한다고 하지만, 방범 시스템과 정원 출입문이 오히려 감옥이 되어 지역 공동체와 우리를 갈라놓는다. 대신 우리는 연속극을 통해 대리 공동체를 얻는다. '프렌즈'(Friends)는 이제 텔레비전 드라마나 페이스북 친구를 떠올리게 하는 말이 되었다. 더 이상 우리가 함께 식사하고 울고 웃는 상대가 아니다!

그리고 우리는 환대를 상업적인 것으로 만들었다. 테일러 클라크(Taylor Clark)는 스타벅스의 역사를 다룬 글에서, 스타벅스의 성공 비결은 커피가 아니라 "커피하우스라는 장소의 매력"이라고 주장한다.⁷ 사회학자 로이 올덴버그(Roy Oldenburg)는 집도 아니고 직장도 아닌 중립적인 모임 장소를 가리키는 '제3의 장소'라는 용어를 만들었는데, 클라크는 그것을 두고 이렇게 말한다. "스타벅스는 박애주의의 분위기를 자아내는 슬로건을 갖추었다. '이곳은 커피 가게가 아니다. 커피라는 사회적 접착제를 가지고 사람들을 한데 모으는 제3의 장소'다."⁸ 스타벅스에 대한 연구에 따르면, 사람들이 원했던 것은 "무엇보다 편안한 사교적 분위기였다.…세상으로부터의 피난처를 구하는 이들에게 커피 한 잔 값은 커피하우스의 풍경에 낄 수 있는 입장료였다."⁹ 스타벅스는 환대를 팔고 있다.

환대를 제일 먼저 상품으로 만든 조직은 호텔이다. 과거에는 평범한 가족들이 낯선 사람들에게 집을 개방했다. 중세시대에는 수도원이 여행자들에게 쉴 곳을 제공했고 병자들을 보살폈다. '병원'

(hospital)이라는 단어는 병자에 대한 '환대'(hospitality)에서 유래했다. "산업화 이전의 도시에서는 공공 음식점에 계급 구분이 없었다. 부자와 가난한 사람이 같은 밥상을 썼고 같은 거리에서 살았다."[10] 그러나 파리에서 생겨난 새로운 유형의 식당, 레스토랑은 이런 흐름에서 벗어났다. "레스토랑은 전혀 새로운 외식법을 제시했다. 여자를 포함한 모든 사람이 하루 중 언제라도 그곳에 가서 자기만의 테이블에 앉아 메뉴판을 펼쳐 놓고 맘에 드는 음식을 골라 주문한다. 그리고 따로 돈을 지불한다."[11] 밖에서 혼자 먹을 수 있게 된 것이다. 오늘날 텔레비전 프로그램과 요리책은 환대를 레스토랑 요리의 이미지로 바꾸어 사람들에게 되팔고 있다. 함께 하는 가족 식사가 근사한 디너 파티로 대체되었다.

외식을 하거나 레스토랑 음식 같은 특별한 메뉴를 만찬에 내는 일에는 아무 문제가 없다. 좋은 면이 많이 있다. 그러나 식사가 상업화되면서 우리는 귀중한 것을 잃어버렸다. 환대는 행위예술이 되었고 밥상에 둘러앉아 친밀감을 나눌 수 있는 기회는 사라졌다.

공동체를 구현하는 식사

환대에는 손님을 환영하는 일, 관계를 만들어 내는 공간, 서로에게 귀 기울이는 일, 관심, 대접 등이 포함된다. 식사는 일의 진행을 더디게 만든다. 그런 부분을 싫어하는 이들도 있다. 일을 빨리 해내고 싶어 하는 사람들이다. 그러나 식사를 같이 하면 일 중심이 아니라 사람 중심이 될 수밖에 없다. 식사를 같이 하는 것이 인간관계를 맺는 유일한 방법은 아니지만 단연 최고의 방법이다.

공적 모임에서는 누군가와 거리를 유지하는 일이 가능하다. 성경 공부 모임에서도 그럴 수 있다. 그러나 식사는 사람을 가깝게 해준다. 함께 식사할 때는 상대를 있는 그대로 생생하게 볼 수 있다. 관계가 이어지고 대화가 이루어진다. 소설가 바바라 킹솔버(Barbara Kingsolver)는 저녁 식사 시간이 "우리 가족의 정신 건강을 위한 초석"이라고 말한다. 그녀의 말을 더 들어 보자. "굳이 양으로 표시한다면, 자녀 양육에서 중요한 일의 75퍼센트는 가족이 모이는 저녁 식사 시간이나 그 시간 전후로 이루어진다."[12] 따뜻한 환대는 화해로 이어진다. 용서를 표현하는 자리가 된다. 밥상 주위에 모였을 때도 풀리지 않은 갈등은 무시할 수 없다. 아무 말 없이 먹기만 한다면 뭔가 문제가 있다고 생각할 수밖에 없다. 바울은 화해를 환대에 비유하여 고린도 교인들에게 이렇게 말한다. "마음으로 우리를 영접하라. 우리는 아무에게도 불의를 행하지 않고…"(고후 7:2). 환대는 용서의 성례가 될 수 있다.

마지팬 케이크. 내 친구 크리스는 그것을 먹으면서 장모님이 마침내 자신을 가족의 일원으로 받아들이셨음을 알았다. 그리고 장모님이 구워 주시는 케이크를 먹을 때마다 그 사실을 거듭 확인한다. 그렇게 생각하면 마지팬 케이크가 두 배로 달게 느껴진다. 음식은 그런 역할을 할 때가 많다. 우리가 음식을 즐기는 이유는 맛이 있어서만이 아니라 그것이 우정과 환영의 표시이기 때문이다. 때로는 맛없는 음식도 거기에 담긴 사랑 때문에 즐겁게 먹는다. "채소를 먹으며 서로 사랑하는 것이 살진 소를 먹으며 서로 미워하는 것보다 나으니라"(잠 15:17).

많은 사람들이 교회를 공동체로 생각한다. 그러나 함께 모여 식사할 때 우리는 이론적인 공동체가 아니라 온갖 문제와 기벽을 지닌 진짜 사람들을 만난다. 밥상은 우리가 다른 사람들을 판단하는 기준으로 삼던 오만한 이상을 포기하고, 그리스도의 십자가 창조한 진짜 공동체를 깨어진 상태 그대로 받아들일 수 있는 기회다. 사람들을 추상적으로 사랑하면서 사랑의 미덕을 운운하기란 쉽다. 그러나 우리는 밥상에 둘러앉은 한 사람 한 사람을 사랑하라는 부름을 받았다.

디트리히 본회퍼(Dietrich Bonhoeffer)는 이렇게 경고한다. "이상화된 공동체를 꿈꾸는 사람들은 하나님과 다른 사람들, 그리고 자신에게 그런 공동체를 실현해 내라고 요구한다. 그들은 요구 사항을 가지고 그리스도인의 공동체에 들어가 나름의 율법을 세운다. 그리고 그에 따라 서로를, 심지어 하나님까지 판단한다." 본회퍼의 말은 이렇게 이어진다. "그리스도인의 공동체는 우리가 실현해야 할 이상이 아니라, 하나님이 그리스도 안에서 창조하신 현실, 우리가 참여할 수 있는 현실이다." 그래서 "우리는 요구하는 자들이 아니라 감사하며 받는 자들이 되어 다른 그리스도인들과 함께 살아간다.…우리는 하나님이 주시지 않는 것을 불평하지 않는다. 하나님이 매일 주시는 것에 감사할 따름이다." 그러므로 문제투성이인 사람들을 만나 환멸감이 들 때, 다음 사실을 기억해야 한다. "우리는 절대 자신의 언행에 힘입어 살 수 없다. 우리는 우리를 하나로 묶어 주는 하나의 말씀과 행위, 즉 예수 그리스도 안에서 얻는 죄 용서에 힘입어 사는 자들이다."[13]

환대에는 '부수적인 피해'가 따를 수 있다. 때로는 음식이 카펫에 쏟아지기도 한다. 치우는 일은 주인 몫이다. 식료품 창고가 텅텅 빌 수도 있다. 하지만 기억하라. 하나님은 그 아들이 흘린 피 때문에 우리를 그분의 집에 받아 주신다. 예수님의 밥상은 하나님의 환대가 구현되는 곳이고 하나님의 은혜와 관대함을 기념하고 보여 주는 자리다. 우리는 그 관대함을 본받아야 한다.

식사는 새 공동체를 만들거나 무너진 공동체를 다시 일으켜 세우는 힘이 있다. 밥상에서 관계를 맺은 사람은 친구가 될 수 있다. 다른 사람을 섬기면 관계의 역학이 달라진다. 밥상에서 섬기는 리더는 더 이상 냉담하지 않다.

식사는 주인과 손님의 사회적 지위를 나타내고, 그 지위를 바꾸기도 한다. 우리는 식사라는 사회적 현실의 축소판을 손볼 수 있다. "음식은 사회적 실체이자 사회적 화폐다. 어떤 음식을 내놓을 형편이 되는가, 그리고 어떤 음식을 내놓기로 선택하는가의 여부는 주인의 사회적 위치를 말해 주고 그가 다른 사람들과 어떤 관계에 있는지 알게 한다. 손님은 밥상의 상차림으로 자신의 위치를 가늠할 수 있다."[14] 이것이 바로 예수님이 주변인들과 식사하실 때 일어난 일이다. 식사에 초대받은 이상 주변인들은 더 이상 주변인이 아니다. 외톨이는 더 이상 외톨이가 아니다. 이방인은 더 이상 이방인이 아니다. 낯선 사람이 친구가 된다.

우리는 은혜 없는 문화에서 살고 있다. 물론 은혜가 없는 세상은 아니다. 모든 새의 노래, 모든 친절함, 모든 식사는 하나님이 피조세계에 지속적으로 베푸시는 은혜의 증표다. 그러나 우리는 남보다 앞서가려고 모두가 노력하는, 은혜를 모르는 경쟁 문화 속에서 산다. 다들 불안해하며 자신을 입증하려고 노력한다. 앙심을 품고, 남의 성공을 질투하고, 자신을 보호한다. 정상에 올라서기 위한 경주를 벌이며 경쟁자를 짓밟거나 짓밟힌다. 출애굽기 34:6-7이 묘사하는 하나님의 모습과 달리, 우리는 용서할 줄 모르고 쉽게 화를 낸다. 이익을 따져가며 사랑하고, 앙심을 품으며, 어떻게든 책임을 회피하려 든다. 지하철을 탄 사람들의 얼굴을 보면 그들이 극심한 경쟁 속에서 어떤 타격을 입는지 알 수 있다.

이런 문화에서 함께 나누는 식사는 은혜의 시간이다. 뭔가 다른 것의 증표. 다가올 하나님의 세상을 가리키는 지시봉. "하나님 나라의 삶은…우리에게 새로운 식사 예절을 받아들이라고 요구한다. 이 예절을 하나씩 지키면서 우리는 하나님 도성의 법규에 따라 점점 그 나라에 걸맞은 모습으로 변해 간다."[15] 우리는 밥상에 둘러앉아 서로에게 우정의 손을 내밀고 삶을 기념한다. 함께 하는 식사는 은혜에 이끌려 더 나은 삶, 더 진실한 사람, 더 인간적인 존재로 변할 수 있는 기회, 성스러운 시간을 제공한다.

교회는 식사다

식사는 사도 시대 교회 생활의 핵심이었다. "날마다…성전에 모이기를 힘쓰고 집에서 떡을 떼며 기쁨과 순전한 마음으로 음식을 먹고"(행 2:46). 사도행전이 소개하는 유일한 지역교회 모임은 드로아의 교회 모임이다. 그들은 "떡을 떼려 하여 모였다"(행 20:7, 참고. 11절). 식사하러 모인 것이다.

고린도전서 11장에서 바울은 고린도 교회 모임의 방종을 바로잡아야 했다. 부자들은 가난한 사람들을 기다리지 않았고 그들에게 먹을 것을 제공하지도 않았기 때문이다. 고린도 신자들은 식사 자리에 모였지만 복음과는 동떨어진 왜곡된 방식으로 모였다. 하지만 바울은 식사시간을 없애라고 말하지 않고, 모임의 내용을 십자가에 걸맞게 조정하라고 촉구했다.

초대교회들은 집에서 모였다. 대부분의 집은 30-40명 정도를 수용할 수 있었다. 더 큰 집에서는 백 명 정도가 모여 식사를 할 수 있었을 것이다.[16] 2세기 중엽까지 집을 교회 건물로 썼다는 증거가 있다. 지금과 같은 별도의 교회 건물은 로마제국이 기독교를 공식적으로 받아들인 이후에 제대로 나타났고, 로마의 신전 형태로 지었다. 그러나 사도 시대에 교회는 집에서 함께 하는 식사를 중심으로 모였다.

신약 성경은 흔히 교회를 아버지인 하나님, 맏형 예수님, 형제자매인 여러 교인들로 이루어진 하나의 가족으로 묘사한다. 교회 지도자들은 곧 가정의 지도자였고, 하나님의 집을 감독하기 전에 본인의 가정을 감독할 능력이 있음을 입증해야 했다. 장로들에게 반드시 요구하는 사항 중 하나는 "나그네를 대접"해야 한다는 것이었다(딤전 3:2; 딛 1:8; 참고. 롬 16:23). 오늘날 교회들이 지도자들에게 흔히 요구하는 많은 요건들(신학교 학위 같은)을 생각해 보라. 그것은 바울이 디모데전서 3장과 디도서 1장에서 요구한 것과 매우 다르다. 바울은 교회 지도자가 환대를 베푸는 사람이어야 한다고 분명히 못 박고 있다. 그것은 교회 모임이 곧 가족 식사였기 때문에 나온 말일 것이다. 손님 대접을 못하는데 어떻게 식사 모임을 이끌 수 있겠는가? 사람들을 자기 집으로 받아들일 줄 모르는데, 어떻게 모든 사람을 받아 주는 복음의 관대한 메시지를 널리 전할 수 있겠는가?

사도 시대 교회들의 모임은 공동 식사였다. 가끔 교회에서 점심 식사를 같이 한 정도가 아니다. 모임 전후에 다과를 나누었다는 말도 아니다. 그들의 모임 자체가 식사였다. 2세기 신학자 테르툴리아누스(Tertulianus)는 교회 모임을 이렇게 소개한다.

우리 잔치의 내용은 그 이름에 모두 드러나 있다. 그리스인들은 그것을 아가페, 애정이라 부른다. 비용이 얼마가 들더라도, 경건의 이름으로 들어가는 경비는 수익이다. 잔치의 좋은 것들로 어려운 이들에게 유익을 안겨 주기 때문이다.…참가자들은 본격적으로 먹기 전에 하나님께 바치는 기도를 먼저 맛본다. 허기를 채울 만큼 먹고, 순결한 자들에게 어울릴 만큼 마신다.…손을 씻고 불을 실내로 들여오고 각 사람이 일어나 할 수 있는 대로 하나님께 찬양을 드린다. 성경구절로 만든 찬양을 드리기도 하고 자신이 지은 가사로 만든 찬양을 드리기도 한다.…잔치는 기도로 시작되어 기도로 마친다.[17]

그리스도인들은 여행을 하는 동료 신자들에게도 환대를 베풀었다. 그렇게 해서 다른 교회들의 소식을 전해 듣고 그들과의 유대도 돈독히 했다. 순회 교사들은 교회마다 다니며 그들을 가르치고 격려했고 각 교회는 그들을 환영했다(요3 5-8절). 그러나 요한은 거짓 교사들에게는 환대를 베풀지 말라고 경고한다. "누구든지 이 교훈을 가지지 않고 너희에게 나아가거든 그를 집에 들이지도 말고 인사도 하지 말라. 그에게 인사하는 자는 그 악한 일에 참여하는 자임이라"(요2 10, 11절). 그를 집에 들이지 말라는 말은 그에게 숙소를 제공하지 말라는 뜻일까, 아니면 가정교회에서 말씀을 전하게 하지 말라는 뜻일까? 아마 둘 다일 것이다. 교회는 집과, 환대는 교제와 긴밀하게 이어져 있기 때문이다.

환대를 철회하는 것은 교회 공동체가 가할 수 있는 가장 강력한 제재다. "이제 내가 너희에게 쓴 것은 만일 어떤 형제라 일컫는 자가 음행하거나 탐욕을 부리거나 우상숭배를 하거나 모욕하거나 술 취하거나 속여 빼앗거든…그런 자와는 함께 먹지도 말라 함이라"(고전 5:11). 바울은 고린도 교회를 향해 아버지의 아내와 잠자리를 같이 한 교인을 징계하라고 촉구한다. 이 징계를 '출교'라고 부를 수 있을 것이다. 바울은 그를 사탄에게 넘겨주고 그와 어울리지 말라고 말한다(5:5). 그러면 그 말을 구체적으로 어떻게 실천할 수 있을까? 본문에 언급된 유일한 조치는 그와 식사를 같이 하지 않는 것이다. 바울은 믿지 않는 죄인들과는 얼마든지 식사를 같이 할 수 있다고 재빨리 덧붙인다. 그런 식사는 선교 행위다. 그가 말하는 징계는, 신자라고 주장하면서 회개의 기미가 전혀 보이지 않고 불신자와 똑같이 행동하는 자에게 해당하는 것이다. 이 제재는 식사가 교회 생활의 중심을 이루고, 교회 자체가 어느 정도 공동 식사의 자리일 때만 의미가 있을 것이다. 회개하지 않는 교인은 교회에서 더 이상 환대받지 못함을 깨닫고 교회의 징계를 뼈저리게 인식하게 될 것이다.

신약 성경의 서신서 한 통은 누구와 식사를 같이 할 수 있는가의 문제를 구체적으로 다루고 있다. 바울의 말을 들어 보자. "게바가 안디옥에 이르렀을 때에 책망받을 일이 있기로 내가 그를 대면하여 책망하였노라. 야고보에게서 온 어떤 이들이 이르기 전에 게바가 이방인과 함께 먹다가 그들이 오매 그가 할례자들을 두려워하여 떠나 물러가[니라].…그러므로 나는 그들이 복음의 진리를 따라 바르게 행하지 아니함을 보고 모든 자 앞에서 게바에게 이르되 '네가 유대인으로서 이방인을 따르고 유대인답게 살지 아니하면서 어찌하여 억지로 이방인을 유대인답게 살게 하려느냐?' 하였노라"(갈 2:11-14).

우리의 식사는 우리가 어떤 칭의 교리를 믿는지 드러내 준다. 입으로는 믿음으로 의롭게 된다는 정통신학을 말하면서도 식사를 통해서는 행위로 의롭게 되는 교리를 전하는 일이 일어날 수 있다. 갈라디아에서 벌어진 일이 아마 이것이었을 것이다. 갈라디아에 있던 바울의 적들은 이방인들에게 이렇게 말했을 것이다. "예수님을 믿어서 구원받는 것은 좋다. 하지만 당신이 정말 하나님의 백성에 속하고 싶다면, 할례를 받아야 한다. 그때까지 우리는 당신과 함께 식사할 수 없다." 바울은 이 거짓 논리를 공격한다. 우리가 율법을 근거로 다른 사람과 식사를 같이 할지 말지 결정한다면, 행위로 의롭게 되는 교리에 따라 사는 것이 된다(갈 2:11-21). 그 길을 따라가기 시작하면 율법 전체를 지켜야 하는데(5:2-4), 우리가 알다시피 누구도 그럴 수 없다(2:15-16). 그러나 "너희가 다 믿음으로 말미암아 그리스도 예수 안에서 하나님의 아들이 되었다"(3:26).

고전적인 버디 영화에서는 흔히 동료로 일하게 된 두 경찰이 등장한다. 처음에는 서로간의 극명한 차이점 때문에 갈등이 생긴다. 그러나 생사를 넘나드는 경험을 같이 해나가면서 두 사람은 평생지기가 된다. 교회는 갈등을 낳을 수밖에 없는 인간적인 차이점들로 가득한 공동체다. 그러나 우리는 생사를 같이한 공통의 경험이 있다.

우리는 예수님의 죽음과 부활에 함께 참여했다. 그분의 죽음이 우리의 죽음이고 그분의 생명이 우리의 생명이다. 이것을 가장 잘 표현해 주는 것이 세례다(롬 6:2-3). 생사를 같이하는 이 경험이 우리를 하나의 공동체로 묶어 준다. "누구든지 그리스도와 합하기 위하여 세례를 받은 자는 그리스도로 옷 입었느니라. 너희는 유대인이나 헬라인이나 종이나 자유인이나 남자나 여자나 다 그리스도 예수 안에서 하나이니라"(갈 3:27-28). 밥상에서는 어떤 차별도 있을 수 없다는 뜻이다.

나무 아래의 밥상

찰스 프레이저(Charles Frazier)의 원작소설에 기초해 남북전쟁을 다룬 영화 "콜드 마운틴"(Cold Mountain)의 마지막 장면을 보면 나무 아래에 밥상이 펼쳐진다. 영화에 등장한 여러 인물들이 그 밥상에 둘러앉는다. 우선 루비가 있다. 거친 환경에서 자란 억센 여인 루비는 어릴 때 어머니를 여의고 아버지는 그녀를 방치하다시피 했다. 그녀 옆에는 군인 출신의 남편 조지아와 두 아이가 있다. 그 자리에는 그녀의 아버지도 있는데, 전쟁터에서 돌아온 아버지와 그녀는 마침내 화해했다. 그리고 샐리가 있다. 사리사욕에 눈먼 민병대원들이 가족을 고문하고 죽이는 광경을 지켜본 뒤 말을 못하게 된 여인이다.

주인공 에이다도 보인다. 영화 서두에 그녀는 인만이라는 청년과 짧은 사랑을 나눈다. 그는 그녀와 키스를 나눈 후 남군에 합류해 전쟁터로 나간다. 사람들과 어울리지 않던 교양 있는 숙녀 에이다는 목사였던 아버지의 죽음 이후, 정반대 유형의 루비와 조금씩 협력해 나가면서 시골 생활에 적응한다. 한편 영화는 인만이 에이다가 있는 고향으로 돌아오는 위험천만한 여정을 뒤쫓는다. 두 사람은 하루 동안 재회하고 비공식적으로 결혼하지만, 결국 인만은 살해당한다.

상처입은 사람들이 모여 가족을 이루고 서로를 위로한다. 이것이 영화 "콜드 마운틴"의 마지막 장면, 나무 아래의 밥상에서 펼쳐진 모습이다. 이 이미지는 누가복음에서 거듭 되풀이된다. 깨어진 사람들이 밥상 주위로 모여 예수님의 은혜에서 소망을 발견한다. 이것이 교회의 참 모습이다. 갈보리의 나무 아래 놓인 밥상에서 가족을 발견하는 상처입은 사람들의 공동체.

"콜드 마운틴"의 밥상에는 마지막 등장인물이 한 사람 더 있다. 에이다가 인만과 결혼한 뒤 하룻밤을 보내고 나서 갖게 된 아이다. 아이의 이름은 그레이스(Grace, 은혜)다.

3

밥 상 은

소망이 구현되는

자 리 다

누가복음 9장

누가복음 9:7-20

분봉 왕 헤롯이 이 모든 일을 듣고 심히 당황하니 이는 어떤 사람은 요한이 죽은 자 가운데서 살아났다고도 하며 어떤 사람은 엘리야가 나타났다고도 하며 어떤 사람은 옛 선지자 한 사람이 다시 살아났다고도 함이라. 헤롯이 이르되 "요한은 내가 목을 베었거늘 이제 이런 일이 들리니 이 사람이 누군가?" 하며 그를 보고자 하더라.

사도들이 돌아와 자기들이 행한 모든 것을 예수께 여쭈니 데리시고 따로 벳새다라는 고을로 떠나가셨으나 무리가 알고 따라왔거늘 예수께서 그들을 영접하사 하나님 나라의 일을 이야기하시며 병 고칠 자들은 고치시더라. 날이 저물어 가매 열두 사도가 나아와 여짜오되 "무리를 보내어 두루 마을과 촌으로 가서 유하며 먹을 것을 얻게 하소서. 우리가 있는 여기는 빈 들이니이다." 예수께서 이르시되 "너희가 먹을 것을 주라" 하시니 여짜오되 "우리에게 떡 다섯 개와 물고기 두 마리밖에 없으니 이 모든 사람을 위하여 먹을 것을 사지 아니하고서는 할 수 없사옵나이다" 하니 이는 남자가 한 오천 명 됨이러라. 제자들에게 이르시되 "떼를 지어 한 오십 명씩 앉히라" 하시니 제자들이 이렇게 하여 다 앉힌 후 예수께서 떡 다섯 개와 물고기 두 마리를 가지사 하늘을 우러러 축사하시고 떼어 제자들에게 주어 무리에게 나누어 주게 하시니 먹고 다 배불렀더라. 그 남은 조각을 열두 바구니에 거두니라.

예수께서 따로 기도하실 때에 제자들이 주와 함께 있더니 물어 이르시되 "무리가 나를 누구라고 하느냐?" 대답하여 이르되 "세례 요한이라 하고 더러는 엘리야라, 더러는 옛 선지자 중의 한 사람이 살아났다 하나이다." 예수께서 이르시되 "너희는 나를 누구라 하느냐?" 베드로가 대답하여 이르되 "하나님의 그리스도시니이다" 하니[라].

"이런저런 이야기가 들려오는 이 사람이 누구냐?" 헤롯 왕은 그렇게 묻는다. 예수님과 함께한 사람들은 "하나님의 그리스도"(눅 9:20)라는 답변을 내놓는다. '그리스도'는 이름이 아니다. 예수님은 '미스터 그리스도'가 아니었다. '그리스도'는 히브리 단어 '메시아'를 그리스어로 번역한 말로, '기름부음 받은 자'를 뜻한다. 유대의 왕들은 기름부음을 받았기 때문에 '그리스도'는 하나님이 유대인에게 약속하신 구원자-왕을 가리키는 말로 쓰였다. 그들이 기다리는 왕이 하나님의 백성을 구출하고 세상을 바로잡을 것이다. 하지만 예수님이 메시아인 줄 어떻게 알까?

누가복음 9:7-9에서 누가는 '예수님이 누구신가?'라는 질문에 세 가지 답변이 가능하다고 말한다. 첫째, 예수님은 죽었다가 살아난 세례 요한일 가능성이 있다. 둘째, 그분은 엘리야일 가능성이 있다. 갑자기 엘리야라는 이름이 나와서 생뚱맞게 들릴 수 있지만, 성경은 엘리야가 병거를 타고 하늘로 들려 올라갔다고 말한다(왕하 2:1-12). 일반적인 의미에서 보면 엘리야는 죽지 않았고, 유대인들은 그가 돌아와서 메시아의 길을 예비할 거라고 생각했다(말 4:5-6; 막 9:11-13). 셋째, 예수님은 "옛 선지자들 중 한 사람"일 가능성이 있었다. 모세는 언젠가 자기와 같은 선지자가 올 거라고 예언했고(신 18:17-19), 예수님이 그 선지자, 새로운 모세일 수도 있었다.

18-20절에서 예수님은 제자들에게 같은 질문을 하시는데, 거기에도 똑같이 세 가지 보기가 있다. 새로운 요한, 새로운 엘리야, 새로운 모세. 그리고 5천 명을 먹이신 사건이 누가복음 한복판에 놓여 있다. 왜? 사람들을 이렇게 먹이는 일은 예수님의 정체에 대한 결정적인 단서를 제공하기 때문이다. 헤롯의 질문이 답을 얻지 못한 반면, 예수님의 질문은 답을 얻었다. 그 결정적인 차이는 광야에서 음식을

먹은 무리에게 있다.

마가는 베드로가 예수님을 그리스도로 알아본 일이 눈먼 사람을 치유하신 기적과 관련이 있다고 밝힌다(막 8:17-30). 마태복음에서 예수님은 자신이 그리스도임을 베드로에게 알려 주신 분이 하늘 아버지시라고 말씀하신다(마 16:16-17). 누가복음에서는 식사 도중에 예수님의 정체가 드러난다. 부활 후 첫날에 엠마오로 가시는 길에서도 마찬가지다(눅 24:30-32). 앞의 누가복음 9장에서 예수님은 환대를 베푸신다. "예수께서 그들을 영접하사"(눅 9:11). 15절(새번역)에서 "앉게 했다"로 되어 있지만 이 단어는 "기대앉게 했다"로 해석할 수도 있다. 누가는 거기 모인 사람들이 밥상 앞에 기대앉듯이 풀밭에 기대앉았다고 말한 것이다. 이것은 단순한 소풍이 아니다. 예수님이 베푸신 잔치다. 예수님은 음식을 대접하심으로 자신을 알리신다.

새로운 모세

누가복음 9장 이야기에 담긴 세 가지 구약의 메아리는 예수님이 누구신지 설명한다. 첫 번째는 하나님이 만나를 공급하신 사건이다. 수백 년 전, 하나님은 이집트의 노예로 있던 그분의 백성을 구해내셨다. 그러나 그 백성은 먹을 것이 없다고 금세 불평했다. 하나님은 그들에게 만나를 보내셨다. "내가 너희를 위하여 하늘에서 양식을 비같이 내리리니"(출 16:4). 누가복음 9장의 사람들도 먹을 것이 없는 채로 광야에 있다(눅 9:12). 예수님이 하늘을 우러러보시자 떡이 내리는 기적이 임했다(16절).

그래서 예수님은 새 출애굽을 이끌어 갈 모세, 하나님의 백성을 죄와 죽음에서 구해 낼 새로운 모세시다. 예수님이 5천 명을 먹이시고 8일 후에 변화되셨을 때, 모세와 엘리야가 나타났다. 세 사람은 "그분의 별세", 말 그대로 하자면 "그분의 출애굽"(눅 9:31)에 대해 말한다. 그러나 이것이 끝은 아니다.

새로운 엘리야

5천 명을 먹이신 사건을 목격한 사람들은 구약 성경의 두 번째 이야기를 떠올렸을 것이다.

엘리사는 종에게 보리떡 스무 덩이로 한 무리의 선지자들을 대접하라고 말했다. "그 사환이 이르되 '내가 어찌 이것을 백 명에게 주겠나이까?' 하나 엘리사는 또 이르되 '무리에게 주어 먹게 하라. 여호와의 말씀이 그들이 먹고 남으리라 하셨느니라.' 그가 그들 앞에 주었더니 여호와께서 말씀하신 대로 먹고 남았더라"(왕하 4:43-44).

엘리사는 종에게 "저 사람들에게 주어서 먹게 하라"고 말했다. 종은 턱도 없는 일이라고 항변한다. 그러나 충분하고도 남았다. 그리고 이제 예수님이 제자들에게 말씀하신다. "너희가 먹을 것을 주라." 그들 역시 안 될 일이라고 항변한다. 그러나 음식은 충분했고 남은 떡이 열두 광주리나 되었다.

엘리야가 하늘로 들려 올라갔을 때, 엘리사는 엘리야의 계승자라는 증표로 그의 겉옷을 취했다. 그는 새로운 엘리야였다. 그러므로 예수님이 엘리사가 한 것과 같은 일을 하셨다는 것은 그분이 새로운 엘리야일 수도 있다는 암시였다.

예수님은 하나님의 백성에게 필요한 것을 공급하는 새로운 엘리야일 가능성도 있는 것이다. 어쩌면. 그러나 한 가지가 더 있다. 베드로는 예수님이 "하나님의 그리스도"라고 말한다. 사람들을 먹이신 사건을 떠올리게 하는 구약 성경의 또 다른 구절이 있기 때문이다.

메시아의 잔치
예수님이 오시기 8백 년 전, 선지자 이사야는 하나님의 이런 약속을 선포했다.

> 만군의 여호와께서 이 산에서 모든 민족에게
> > 기름진 음식으로 잔치를 베풀어 주실 것이다.
> > 가장 좋은 고기와 가장 좋은 포도주를 내주실 것이다.
> 이 산에서 그가
> > 모든 민족의 얼굴을 덮고 있던 수의를 걷어 버리시고
> > 모든 나라를 덮고 있던 수의를 치워 버리실 것이다.
> > 그는 죽음을 영원히 삼키실 것이다.
> 주 여호와께서 모든 얼굴에서 눈물을 닦아 주시고
> > 주의 백성들의 수치를 온 땅에서 씻어 내실 것이다.

이것은 여호와께서 말씀하신 것이다.

그날에 이렇게 말할 것이다.

"보십시오. 이분이 우리 하나님이십니다. 우리가 그분을 기다렸더니 그분이 우리를 구원하셨습니다.

이분이 여호와십니다. 우리가 기다렸던 바로 그분이십니다.

우리가 그분의 구원을 기뻐하고 즐거워합시다." (사 25:6-9, 우리말성경)

내 친구 피터의 여든 살 생일날, 그의 아들은 아버지와 함께 외식을 했다. 아들이 최고의 외과의사였기 때문에 그들은 최고의 식당으로 갔다. 피터의 메뉴판에는 가격이 적혀 있지 않았다. 가격은 아들의 메뉴판에만 있었다. 호화롭고 맛있고 완벽한 만찬, 값비싼 만찬이었다. 그러나 하나님은 어떤 고급 레스토랑도 따라오지 못할 호화로운 잔치를 베푸실 것이다. 그뿐이 아니다. 메뉴의 가격은 하나님의 메뉴판에도 적혀 있지 않다. 예수님의 보혈로 이미 값을 다 치렀기 때문이다. 우리는 돈 없이 오라는 잔치에 초대받았다.

오호라 너희 모든 목마른 자들아,

물로 나아오라.

돈 없는 자도 오라.

너희는 와서 사 먹되

돈 없이 값없이 와서
  포도주와 젖을 사라.
너희가 어찌하여 양식이 아닌 것을 위하여 은을 달아 주며
  배부르게 하지 못할 것을 위하여 수고하느냐?
내게 듣고 들을지어다. 그리하면 너희가 좋은 것을 먹을 것이며
  너희 자신들이 기름진 것으로 즐거움을 얻으리라. (사 55:1-2)

이것이 전부가 아니다. 우리 중 누구도 이 잔칫상에서 떠날 필요가 없다. 이사야 25장을 보면 죽음 자체가 메뉴에 올라 있다. 하나님이 친히 죽음을 삼키실 것이다. 그러므로 이 잔치는 영원히 계속된다. 누가복음 9장에서 제자들은 사람들을 보내 버리고 싶어 한다. 하지만 예수님은 그들이 머물 수 있게 해주신다. 누구도 그 자리를 떠날 필요가 없다. 처음보다 끝에 음식이 더 많다. 영원한 잔치가 될 요소를 두루 갖추고 있다.

이 잔치는 '메시아의 잔치'로 알려져 있다. 하나님의 메시아가 죽음을 물리치고, 세상을 바로잡고, 우리가 하나님의 임재를 누릴 수 있게 해주실 것이다. 이 잔치는 다가올 하나님의 세상, 그 공급하심과 풍요와 만족을 아름답게 그려 내고 있다.

5천 명을 먹이신 일이 잔치의 전부는 아니다. 이 잔치는 앞으로 어떤 잔치가 기다리고 있는지 엿보게 해준다. 광야에서 저녁 식사를 베푸신 예수님은 하나님의 큰 잔치의 주최자시다. 예수님은 군중을

보시고 "그들을 영접하[셨다]"(눅 9:11). 예수님은 하나님의 메시아시다. 메시아의 잔치로 우리를 영접하시기 때문이다. 이것은 예수님이 누구신지 확실히 알게 하는 증표다.

예수님의 제자들에게는 더할 나위 없이 합당하고 좋은 일이었다. 그들은 그 자리에 있었으니까. 그들은 기적의 떡을 먹었고 남은 것을 모았다. 그러나 우리에게도 그 일이 믿을 만한가? 우리 세계에서는 불가능한 일 아닌가.

그러나 이것이 요점이다. 우리가 살고 있는 세상은 굶주림, 고통, 고난과 결핍의 세상이다. 주민 대부분의 형편이 넉넉한 동네에서도 우리는 여전히 결핍을 느낀다. 여전히 만족하지 못한다. 먹을 것은 부족하지 않을지라도 의미, 친밀한 관계, 성취감, 공동체, 목적, 기쁨은 여전히 부족하다. 우리는 세상이 제자리를 찾기를 바란다.

예수님은 우리 세상에 들어맞지 않는 분이다. 그분은 우리가 세워 놓은 범주의 틀을 깨뜨리신다. 우리의 기대를 무너뜨리신다. 그분의 행동은 이 세상의 법칙과 기대에 부합하지 않는다. 이 세상의 기준으로 그분을 판단하면 범주 오류에 빠진다. 자신의 경험으로 그분을 판단하면 요점을 놓치고 만다. 이 세상에 속하지 않은 그분의 행동은 우리가 다른 세상을 엿볼 수 있는 통로다. 예수님이 오심으로 새로운 세상이 시작되었다. 그분이 하신 일들은 다가올 하나님 세상의 표적이었다.

우리의 세상은 기근이 닥치고 불의가 만연하고 전쟁이 끊이지 않고 공동체가 깨어지고 가족이 나뉘는 곳이다. 나의 나라, 당신의 나라가 바로 이런 곳이다.

헤롯의 나라로 가 보자. 마가는 예수님이 5천 명을 먹이신 사건을 또 다른 잔치 이야기 바로 뒤에 배치한다(막 6장). 헤롯은 귀족들에게 권력을 과시하려고 생일잔치를 연다. 잔치는 그의 수양딸이 관능적인 춤을 추는 부분에서 절정에 이른다. 춤을 보고 흐뭇해진 헤롯은 책임질 수 없는 말을 내뱉었다가 어쩔 수 없이 세례 요한을 처형하게 된다. 예수님은 어떤가? 예수님은 모든 사람을 그분의 잔치로 부르신다. 가난한 사람들도 포함된다. 예수님은 긍휼을 베풀고자 하시고, 좋은 소식을 선포하신다. 잔치가 끝나면 모든 사람이 만족한다. 그러나 헤롯은 특권층만 환영한다. 가난한 이들은 배제된다. 헤롯은 교만에 이끌려 살아가기에 체면 잃는 상황을 감당하지 못한다. 헤롯의 잔치는 죽음으로 끝난다.

누가복음에서 마리아는 하나님이 '비천'(눅 1:48)한 자신을 선택하신 것에서 다가올 일의 조짐을 보았다. "제왕들을 왕좌에서 끌어내리시고 비천한 사람을 높이셨습니다. 주린 사람들을 좋은 것으로 배부르게 하시고, 부한 사람들을 빈손으로 떠나보내셨습니다"(1:52-53, 새번역). 이 황량한 세상의 비천하고 주린 사람들은 만족하는 반면(눅 9:17), 왕좌에 있는 제왕은 예수님을 찾지만 볼 수 없다(9:9).

예수님은 친히 선언하신다. "너희 가난한 자는 복이 있나니 하나님의 나라가 너희 것임이요 지금 주린 자는 복이 있나니 너희가 배부름을 얻을 것임이요"(눅 6:20-21). 시제가 중요하다. 지금 주리다, 배부르게 될 것이다. 이것은 다가올 나라, 다가올 잔치에 대한 약속이다. 자신에게 무엇이 필요한지 인식하고 예수님을 바라보는 가난한 이들, 상처받은 이들, 주린 이들이 언젠가 하나님 나라를 받고 그분의 영원한 잔치에 참여할 것이다.

누가복음 9장의 황량한 땅, 역사 속의 한순간 동안, 사람들은 그 다가올 실체를 잠시 엿볼 수 있었다. 5천 명의 주린 사람이 "먹고 다 배불렀다"(눅 9:17). 이것이 온전한 실체는 아니다. 5천 명은 많은 사람이지만 하나님의 백성 전부는 아니다. 게다가 이들은 곧 다시 배가 고파질 것이다. 그러나 온전한 실체는 아니지만 맛보기는 되었다. 남은 떡 열두 광주리는 이 잔치가 계속될 것이라는 증표였다.

이 황량한 땅에서 배고픈 사람들이 예수님 주위에 모여 그분이 베푸신 음식을 함께 먹는다. 바로 여기, 바로 지금 잠시 모습을 드러낸 다가올 하나님 나라를 보여 주는 광경이다.

기독교 공동체는 다가올 하나님 나라의 시작이자 표지판이다. 우리가 함께 식사하는 자리에서 그 면모가 가장 잘 드러난다. 우리의 식사는 장래에 있을 메시아의 잔치를 미리 맛보는 일이다. 하나님의 좋은 소식을 선포하고 보여 주는 일이다.

예수님은 사명을 감당하는 우리에게 필요한 것을 공급하신다

많은 사람들에게 먹거리를 제공하는 일을 맡아 본 적이 있는지 모르겠다. 정말 골치 아픈 일이다. 음식량이 충분해야 하고, 사람들의 특별한 식성도 고려해야 하고, 제대로 요리한 음식이 제때 준비되어야 한다. 그런데 음식이 하나도 없는데 이 모든 일을 해내라는 요청을 받는다고 상상해 보라! 예수님은 제자들에게 불가능해 보이는 임무를 주신다. 그들은 가진 것이 턱없이 부족하다고 느낀다. 그러나 예수님은 그 임무를 완성하게 하신다.

누가가 5천 명이 함께 식사한 이야기를 들려준 이유는 제자들이 맡은 책임과 그들의 무능력을 드러내기 위해서였을 것이다. 이 이야기 직전에 예수님은 제자들에게 선교 사명을 맡겨 내보내시면서 양식을 가져가지 말라고 하셨다(눅 9:3). 그런데 이제는 가진 것이 하나도 없는 그들에게 본인과 군중이 먹을 양식을 당장 만들어 내라고 하신다. 다른 복음서에는 남자만 5천 명이었다는 정보가 끝부분에 등장해 예수님의 공급하시는 능력을 강조한다. 누가는 좀더 앞부분, 즉 예수님이 제자들에게 군중에게 먹을 것을 주라고 말씀하시는 대목에서 이 정보를 언급한다. 제자들의 무능력을 강조하기 위해서다. 그 많은 인원이 먹고 열두 광주리의 떡이 남았다. 제자 한 명당 광주리 하나씩. 이것은 예수님의 공급하심을 기억하게 하려는 뜻일 것이다.

예수님은 떠나실 때를 대비해 제자들을 준비시키신다(눅 9:37-43). 예수님이 우리에게 맡기신 것과 같은 임무, 모든 민족에게 회개와 죄 용서를 선포하는 불가능한 임무를 그들에게 맡기실 날이 다가오고 있었다(24:45-49). 우리는 무엇을 할 수 있을까? 예수님은 우리가 가진 것이 무엇이냐고 물으시고 믿음을 가지라고 말씀하신다. 그날 제자들은 남은 음식이 가득 든 열두 광주리를 가지고 집으로 돌아갔다. 불가능한 임무는 완수된 정도가 아니라 완수되고도 남았다! 그 열두 제자가 이제 20억 제자가 되었고 그 수는 계속 늘어 간다.

남는 음식의 신학이 필요하다. 구약 이스라엘 사람들은 하루 먹을 만큼만 만나를 거두라는 말씀을 들었다(출 16장). 이틀 치 만나를 모으면 언제나 상했다. 쌓아 두어야 하는 한정된 재화로 인식하고 행동하면 만나가 상했다. 만나를 소비하는 올바른 방법은 하나님이 주시는 무한한 재화로 믿고 그날그날 받아먹는 것뿐이었다. 제자들은 그들이 가진 떡 다섯 개가 나눌 수 없는 한정된 음식이라고 생각했다. 그러나 5천 명이 먹은 후에도 떡이 가득 든 열두 광주리가 남아 있었다.

복음으로 이웃에게 다가갈 수 있는가? 친구들에게 예수님에 대해 말할 용기를 낼 수 있는가? 당신의 도시에 교회를 시작할 수 있는가? 떡 다섯 개로 5천 명을 먹일 수 있는가?

"우리는 그런 거 못합니다. 돈도 없고 사람도 없어요." 그러자 예수님은 이렇게 말씀하신다. "가진 것이 무엇이냐? 그것을 내놓아라.

그러면 내가 내 영광을 위해 그것을 사용하마." 초대교회의 교부 알렉산드리아의 키릴로스는 이렇게 말했다.

남은 조각을 모으니 열두 광주리에 찼습니다. 여기서 무엇을 유추할 수 있을까요? 환대에는 하나님의 풍성한 보상이 따른다는 단순한 확신입니다.…그러므로 어떤 상황에도 낙심치 말고 나그네를 영접하십시오.…이렇게 말하지 마십시오. "난 가진 게 별로 없어. 많은 사람을 섬기기에는 내 능력이 더없이 하찮고 부족해." 사랑하는 이들이여, 나그네를 영접하십시오. 주저하는 마음을 이기십시오. 그런 마음에는 아무런 보상도 따르지 않습니다. 구주께서 여러분이 가진 작은 것을 크게 해주실 것입니다. 여러분이 내놓는 것이 적을지라도 많은 것을 받게 될 것입니다. 복된 바울의 말씀[고후 9:6]에 따르면, 축복을 심는 자는 축복을 거둘 것입니다.[1]

한마디로 말하자면, 제자들은 사람들에게 필요한 것을 공급할 수 없다. 그들은 예수님의 능력을 가지고 있지만 말 그대로 그것은 그분의 능력이다. 예수님의 사역을 공유하지만 그것은 그분의 사역이다. 메시아 행세를 하기란 쉽다. 우리는 누군가를 돕기 원하고, 누가복음 본문이 요구하는 대로(눅 10:25-37) 사랑을 베푸는 것이 옳다. 하지만 우리가 사람들을 대신하여 그들의 문제를 해결해 줄 수 있다고 생각하면 곤란하다. 그런 생각은 우리 자신에게 좋지 않다. 세상을 구원하려 들다가는 금세 탈진해 버리고 말 테니까. 그런 생각은 우리가 돕는 사람들에게도 좋지 않다. 그들은 도움을 받더라도 우리에게 의지하는 상태가 아니라 스스로 삶을 꾸려나갈 수 있게 되어야 한다. 그들이 우리에게 의지하게 되면 우리 기분만 뿌듯할 뿐 지속적인 변화는 일어나지 않는다. 그러나 더 중요한 것은, 우리가 아니라 그리스도께서 구세주시라는 점이다. 우리의 역할은 그분을 가리키는 것이다. 우리는 사람들을 메시아의 잔치로 초대할 책임이 있다. 그러나 그들을 잡아서 끌고 올 수는 없다. 우리는 사람들에게 예수님을 제시한다. 그분의 죽음은 충분하고 완전하다. 그분이 공급자시다. 그분이 잔치의 주인이시다. 우리가 아니다.

예수님은 열두 제자를 보내시면서 지팡이도 돈이나 빵도 가져가지 말고 어디든 그들을 영접하는 집에 머무르라고 말씀하셨다(눅 9:3). 그러나 하나님의 사자들이 언제까지나 환영을 기대할 수 있는 것은 아니었다. 세례 요한의 죽음은 다가올 상황의 신호였다(9절). 예수님은 죽으시기 전날 밤, 제자들을 불러 그들을 돈 없이 보내셨던 때를 기억하게 하신 후 이렇게 말씀하셨다. "이제는 전대 있는 자는 가질 것이요 배낭도 그리하고 검 없는 자는 겉옷을 팔아 살지어다. 내가 너희에게 말하노니 기록된 바 '그는 불법자의 동류로 여김을 받았다' 한 말이 내게 이루어져야 하리니 내게 관한 일이 이루어져 감이니라"(눅 22:36-37). 다시 말해, 사람들의 환영을 기대할 수 있는 나날이 끝났다는 뜻이다. 메시아는 위법자와 같이 취급받게 될 텐데, 그분을 따르는 자들이 어떻게 취급받을지는 충분히 짐작할 수 있다. 이제부터는 사람들의 대체적인 선의를 기대할 수 없다. 준비가 되어 있어야 한다. 세상이 우리를 환영하지 않을지라도, 예수님은 우리에게 필요한 것을 공급하신다.

예수님은 십자가를 통해 우리에게 필요한 것을 공급하신다

"예수께서 빵 다섯 개와 물고기 두 마리를 손에 드시고, 하늘을 우러러 감사 기도를 드리신 뒤에, 떼어서 제자들에게 주셔서, 무리 앞에 놓게 하셨다"(눅 9:16, 새번역). 누가는 최후의 만찬을 묘사하면서 이렇게 적었다. "예수께서는 또 빵을 들어서 감사를 드리신 다음에, 떼어서 그들에게 주시고 말씀하셨다. '이것은 너희를 위해서 주는 내 몸이다. 너희는 이것을 행하여, 나를 기억하여라'"(22:19, 새번역).

[빵을] 손에 들고 감사를 드리고 떼어서 주셨다. 같은 단어가 같은 순서로 등장한다. 누가가 이 두 사건을 연결 짓고 있는 것이다. 예수님은 메시아로서 하나님의 백성에게 필요한 것을 공급하시고 하나님의 큰 잔치를 베푸신다. 궁극적으로 그분은 죽으심으로 공급하시고, 버림받으심으로 우리를 환영하신다. 그분은 메시아로 칭송받자마자 자신이 고난을 받고 죽어야 한다고 설명하신다(눅 9:20-22, 43-45). 예수님은 메시아시지만, 사람들이 기대하는 메시아가 아니다. 그분은 로마군을 무찌르고 예루살렘을 해방시키지 않는다. 심판이 있겠

으나 예수님이 친히 그 심판을 당하실 터였다. 우리가 하나님의 심판을 벗어나 하나님의 큰 잔치에 참여할 수 있게 하고자 우리 대신 그분이 심판을 받을 것이었다.

예수님은 다가올 자신의 고난과 죽음을 경고하신 지 8일 후에 영광스럽게 변화되셨고, 하늘로부터 음성이 들려왔다(눅 9:28-36). 아버지 하나님은 뭐라고 말씀하시는가? 다소 놀라운 말씀이다. 예수님이 영광스럽게 변화되셨으니 아버지께서 "내 아들이다, 그를 보아라"고 하실 법도 하다. 하지만 아버지는 "그의 말을 들으라"고 하신다. 그럼 예수님은 무슨 말씀을 하셨는가? 자신이 십자가에 못 박힐 메시아라고 말씀하셨다.

누가복음은 9:51을 기점으로 새로운 방향으로 나아간다. "예수께서 승천하실 기약이 차가매 예루살렘을 향하여 올라가기로 굳게 결심하셨다." 1-9장까지는 모든 사건이 갈릴리에서 벌어진다. 그러나 이제 우리는 예루살렘과 십자가를 향해 간다. 그러니까 예수님이 5천 명을 먹이신 사건은 누가복음 전반부의 끝에 등장하는 것이다. 1부의 절정에 해당하는 이 대규모 야외 식사는 예수님이 그리스도라고 말한다. 누가복음의 나머지 부분은 예수님이 그리스도라는 사실이 어떤 의미가 있는지, 그리스도를 따른다는 것은 무엇인지 자세히 설명한다. 그분은 죽어야 하는 그리스도시고(눅 9:21-22, 43-45), 그분을 따르는 것은 자아에 대해 죽고 다른 사람들을 섬기는 삶을 뜻한다 (23-27, 46-48절).

예수님은 하나님 잔치의 주최자시고 우리를 위해 죽으심으로 우리에게 필요한 것을 공급하셨다. 따라서 우리는 재공연을 기대해서는 안 된다. 물론 예수님은 오늘날에도 기적을 행하실 수 있다. 나는 먹을 것이 부족한 곳에 음식이 채워지는 것 같은, 하나님의 공급하심에 대한 놀라운 이야기들을 들어 본 적이 있다. 하지만 그런 일들이 표준이라고 생각해서는 안 된다. 그런 일들은 메시아 잔치에 대한 하나님의 약속을 성취하는 일이 아니다. 우리는 십자가를 바라봐야 한다. 십자가에서 하나님은 우리에게 필요한 것을 공급하신다. "예수께서 이르시되 '내가 진실로 진실로 너희에게 이르노니 모세가 너희에게 하늘로부터 떡을 준 것이 아니라 내 아버지께서 너희에게 하늘로부터 참 떡을 주시나니…나는 하늘에서 내려온 살아 있는 떡이니 사람이 이 떡을 먹으면 영생하리라. 내가 줄 떡은 곧 세상의 생명을 위한 내 살이니라"(요 6:32, 51).

빵을 손에 드시고 감사 기도를 드리셨다

2010년 10월. 뉴잉글랜드의 신선한 가재와 조개. 친구가 낚은 알래스카산 연어. 주인집에서 사냥한 야생큰사슴. 전부 야외에서 요리해 물가의 오두막에서 먹었다. 집에서 늘 나오는 뻔한 식사가 아니었다. 메인의 한 콘퍼런스에서 강연한 후에 대접받은 특식이었다. 맛있는 음식. 아름다운 장소. 멋진 사람들. 그 모두가 하나님의 선하심을 아름답게 드러냈다.

"예수께서 빵 다섯 개와 물고기 두 마리를 손에 드시고, 하늘을 우러러 감사 기도를 드리신 뒤에, 떼어서 제자들에게 주셔서, 무리 앞에 놓게 하셨다"(9:16, 새번역). 5천 명을 먹이신 일은 메시아의 잔치를 소망 가운데 기대하고 바라본 사건만이 아니다. 예수님은 감사로 빵을 받으심으로써 창조세계의 선함을 인정하셨다. 새 세상을 약속하실 때도 하나님이 만드신 세계의 선함을 인정하셨고, 그럼으로써 이 세상이 버려지지 않고 구속될 것임을 다시 한 번 알리셨다. 음식은 하나님의 선한 창조세계의 일부이자 하나님의 새 창조의 일부이기 때문에 중요하다.

예수님이 5천 명을 먹이실 때 어떤 일이 벌어졌는지 잠시 생각해 보라. 하나님이 떡을 주셨다. 그것도 엄청난 규모로. 가나의 혼인 잔치는 어떤가? 예수님은 대략 550-820리터의 물을 포도주로 바꾸셨다. 그것도 최상급 포도주로. 성경 이야기 첫 부분에서 하나님이 인류를 위해 가장 먼저 하신 일은 메뉴판을 펼치신 것이다. "여호와 하나님이 동방의 에덴에 동산을 창설하시고 그 지으신 사람을 거기 두시니라. 여호와 하나님이 그 땅에서 보기에 아름답고 먹기에 좋은 나무가 나게 하시니"(창 2:8-9). 성경 이야기의 끝부분에서 하나님은 우리 앞에 영원한 잔치를 베푸신다. 하나님은 음식 내는 일을 좋아하신다. 그분은 음식이 좋은 것이라고 생각하신다.

성육신하신 하나님이 음식을 드신다. 예수님은 하루에 두 끼를 드셨을 것이다. 부자들과 함께 식사할 때는 흰 떡을 드셨겠지만, 대부분의 경우에는 가난한 이들이 먹는 보리떡을 치즈와 버터, 계란과 함께 드셨다. 육류나 가금류는 너무 비싸 잔칫날에만 드셨을 것이다. 안식일에는 생선을 드셨을 수도 있다. 물론 차나 커피는 없었다. 예수님은 포도주를 드셨을 텐데, 대체로 물을 많이 탄 묽은 포도주였을 것이다. 당시에는 꿀과 무화과가 주된 감미료였다. 후추, 생강, 기타 양념이 수입되긴 했지만 무척 비쌌다.[2] 이것이 바로 성육하신 하나님의 식단이다.

부활하신 그리스도께서 드신다. 그것도 사람들이 많이 있는 자리에서 드신다. "구운 생선 한 토막을 드리니 받으사 그 앞에서 잡수시더라"(눅 24:42-43). 장래에 우리는 하나님 앞에서 먹을 것이다. 음식은 새로워진 세계의 일부가 될 것이다. 부활한다고 음식을 잊게 되는 건 아니다. 미래의 잔치에 대한 말씀들은 미래에 있을 천상의 존재 양식에 대한 비유에 그치지 않는다. 우리의 미래는 진짜 잔치다.

요는, 음식이 단순한 에너지원 정도가 아니라는 것이다. 음식은 사역을 위해 육신을 지탱시키는 메커니즘에 그치지 않는다. 음식은 선물, 관대함, 은혜다. 예수님은 감사하셨고 떡을 떼셨다. 음식을 하나님의 선물로 받아야 한다고 확실히 말씀하신 셈이다. 음식은 물질로서 중요하다. 음식은 물리적 실체이고, 하나님의 선한 세계의 일부다. 우리는 이 세상을 다른 영적 세계의 그림 정도로 봐서는 안 된다. 있는 그대로 받아들여야 한다.

음식은 우리가 하나님의 선하심을 경험하는 데 없어서는 안 될 중심 요소다. 음식은 단순히 하나님의 선하심을 보여 주는 예시가 아니다. 음식이 그저 예시에 불과하다면, 그것이 전달하는 개념을 파악한 뒤 무시해 버려도 좋지 않겠는가. 그러나 음식은 곧 하나님의 선하심이다.

[하나님이 세상을] 필요로 해서 세상이 있는 것이 아니니, 세상은 그 나름의 선함 때문에 존재하는 것이 분명하다. 하나님에겐 세상이 필요하지 않다. 그분은 세상을 기뻐하실 뿐이다. 이 말의 의미를 생각해 보라. 우리가 괜히 하나님의 형상으로 만들어진 것이 아니다. 시금치보다 단 것을 좋아하는 아이의 기호, 영양가 있는 것보다 맛있는 것을 좋아하는 인류의 보편적인 성향은 우리가 가진 위대함을 잘 보여 준다.…우리는 하나님이 보시는 것을 보는 눈, 하나님이 찬사를 보내시는 것에 찬사를 보내는 입술, 하나님이 먼저 [좋다고] 선언하신 것들을 음미하는 입을 가지고 있다. 세상은 천국으로 올라갈 때까지만 쓰고 치워 버릴 사다리가 아니다. 땅은 유용할 뿐 아니라 선한 것이다. 땅을 사랑하는 것은 하나님의 뜻에 따르는 합당한 일이다. 그러므로 또다시 건배.[3]

좋아하는 음식을 생각해 보라. 스테이크? 태국산 그린카레? 아이스크림? 집에서 만든 애플파이? 하나님은 우리 몸에 바로 주입할 수 있는 에너지원을 만드실 수도 있었다. 야채 과자 같은 것을 섭취해 생존하는 존재로 우리를 만드실 수도 있었다. 그러나 하나님은 엄청나게 많은 종류의 다양한 음식을 주셨다.

세상에는 필요 이상으로 맛있는 것이 많다. 우리는 하나님의 선하심과 관대하심을 차고 넘치게 받았다. 하나님은 도를 넘으셨다. 우리가 누리는 다양성은 우리에게 필요한 정도를 훌쩍 넘어서지만, 하나님은 더없이 기쁜 마음과 풍성한 은혜로 그것을 허락하셨다. 하나님이 만끽하셨던 창조의 기쁨은 천지창조의 첫 순간에만 해당하는 것이 아니다. 지금의 우리는 "남은 것들이나 먹는" 처지가 아니다. 하나님은 여전히 기쁜 마음으로 창조세계를 보존하신다. "매년 포도 껍질에 효모가 생기는 것은 하나님이 그것을 좋아하시기 때문이다. $C_6H_{12}O_6=2C_2H_5OH+2CO_2$ (포도당이 에탄올과 이산화탄소로 전환되어 만들어지는 포도주 제조의 복잡한 화학 과정-편집자 주)가 믿을 만한 과정인 이유는 9월마다 하나님이 '그거 괜찮았어. 다시 해 봐'라고 말씀하시기 때문이다."[4] 따라서 우리는 우리가 먹는 음식의 질을 중요하게 생각해야 한다. 음식을 에너지원 정도로만 여길 것이 아니라 선물로 받아들여야 한다. 우리는 하나님이 그분의 영광을 위해 사용하도록 맡기신 줄 알고 세상을 보살펴야 할 책임이 있다. 우리가 먹는 음식이 어디서 오는지 관심을 가져야 한다. 식재료, 가축들의 환경, 노동자들의 조건, 생산자들의 처우에 관심을 기울여야 마땅하다.

에릭 슐로서(Eric Schlosser)는 「패스트푸드의 제국」(*Fast Food Nation*)

에서 해를 보지 못하고 곡물로 살을 찌우고 스테로이드를 주입받은 동물들, 40년 전보다 삼분의 일이나 급료를 덜 받고 복지 혜택은 거의 없는 노동자들이 일하는 공장에서 도살되는 동물들의 실상을 소개한다.[5] 다른 방법이 전혀 없는 것은 아니다. 슐로서가 높이 평가하는 미국 서부해안의 햄버거 체인점 인앤아웃(IN & OUT)에서는 노동자들이 넉넉한 급료에 의료보험 혜택까지 받고, 음식은 신선한 재료로 매장 내에서 준비한다. 에스더와 해리 스나이더 부부는 맥도널드와 같은 해에 가게를 시작했다. 그들의 아들이자 그리스도인인 월은 사업을 물려받은 뒤 햄버거와 음료수 포장지에 조심스럽게 성경구절을 인쇄해 넣었다.

건강을 위해 할 수 있는 최선의 조처는 가공식품을 적게 먹는 것이다. 가공식품에는 당, 소금, 지방이 잔뜩 첨가되어 있는데, 많은 양을 섭취할 경우 하나같이 몸에 안 좋다. 바바라 킹솔버의 말을 들어 보자. "나와 같은 세대의 여자들이 부엌을 박차고 나올 때, 그 길을 안내해 준 이들이 식품업계였다. 그들은 지친 우리가 엄청난 이득을 가져다줄 존재임을 알아보았다. 그들은 우리에게 이렇게 말했다. '자, 부인들. 이제 밖으로 나가세요. 자유를 누리세요. 저녁 식사는 우리가 책임지겠습니다.' 그들은 문을 활짝 열었고 우리는 영양 섭취의 위기와 완전 독소식품을 대량으로 공급하는 세상으로 들어섰다."[6] 그동안 많은 이들이 가공식품이 절약해 주는 시간의 틀 안에서 바쁜 생활을 꾸려 왔기 때문에, 좋은 사람들과 좋은 음식을 즐기고 싶다면 장바구니에 담긴 내용물뿐 아니라 생활방식까지 바꿔야 할지도 모른다. '패스트' 푸드는 원래 제대로 된 음식일 수가 없다. 디트리히 본회퍼는 이렇게 말한다.

> 함께 빵을 떼는 것은 축제의 성격을 지닌다. 우리에게는 날마다 노동의 나날이 주어진다. 그 한복판에서 누리는 식사는 하나님이 일을 마치고 쉬셨다는 사실과 온갖 수고로 채워지는 일주일의 의미와 목표가 바로 안식일이라는 사실을 기억하게 한다. 우리 삶에는 어려움과 노고만 있는 것이 아니라 하나님의 선하심 가운데 누리는 재충전과 기쁨도 있다. 우리는 힘써 일하지만 하나님은 우리에게 영양분을 공급하시고 우리를 보존하신다. 이것은 분명 축하할 만한 일이다.…하나님은 축제와 기쁨이 없는 식사, 불평하거나 거만한 태도로 잘난 척 바쁜 티를 내거나 심지어 먹는 것을 수치스럽게 여기는 식사를 용납하지 않으실 것이다. 하나님은 하루 세 끼 매일의 식사를 통해, 주 중에 일하는 가운데 기뻐하라고, 축제를 열라고 말씀하신다.[7]

하나님은 우리에게 음식을 주셨을 뿐 아니라 요리도 하게 하셨다. 요리는 문화명령의 중요한 표현이다. 하나님은 이 세상을 우리에게 맡기시며 돌보고 가꾸라고 명령하셨다. 그러나 우리에게 이 세상은 탐험과 개발의 기회이기도 하다. 하나님은 우리가 세상에 있는 원재료를 가지고 과학, 문화, 농업, 음악, 기술, 시를 창조하여 그분께 영광 돌리기를 원하셨다. 케이크를 하나 구울 때마다 우리는 그 창조 명령을 실천하는 것이다. 모든 케이크는 우리가 창조주의 형상에 따라 창조하고 창조적이 될 자유를 가진 자들임을 일깨워 준다. 잔잔한 만족감과 함께 밥상에 음식을 올려놓을 때마다, 우리는 세상을 창조하시고 모든 것이 좋다고 선언하셨던 창조주의 기쁨에 동참하게 된다.

우리에게 날마다 일용할 양식을 주옵소서

바빌로니아 창조신화에서 마르둑이 인간을 만든 이유는 "조상들에게 바칠 음식 제물을 마련하고" 그것을 "신들에게도" 바치게 하기 위해서였다.[8] 반면 "하나님이 인간에게 먹을 것을 주신 일은 6일 창조의 절정이다.…창세기 1장은 메뉴판을 펼치며 마무리된다."[9] 이교 신화 속의 인류는 신들에게 음식을 바치는 존재로 만들어진다. 성경 이야기에서는 하나님이 친히 인류에게 먹을 것을 주신다. 우상들은 자기들에게 필요한 것을 마련하라고 우리를 닦달한다. 참되신 하나님은 자비를 베푸셔서 우리의 필요를 채워 주신다.

먹는 일은 우리의 의존 상태를 보여 준다. 하나님은 우리를 먹어야 살 수 있는 존재로 만드셨다. 우리는 창조세계의 일부로서 뭔가를 먹을 때마다 다른 이들에 의존하고 있음을 상기하게 된다. 자신이 직접 재배한 재료로 요리한 음식을 먹는 사람은 거의 없다. 자급

자족하는 면이 비교적 많은 사람이라도 여전히 남들에게 의존한다. 음식을 구하려면 모여 살면서 나누고 협력하고 교환을 할 수밖에 없다. 모든 사회에는 분업이 존재하는데, 분업이란 필요한 음식을 얻기 위해 함께 일하는 것을 말한다. 분업 덕분에 우리는 끊임없이 사냥하고 먹을 것을 모으던 상태에서 벗어나 과학과 예술을 발전시킬 자유를 얻게 되었다. 소박한 빵 한 덩이는 농업, 기술, 과학, 상업, 문화를 발전시키라는 하나님의 명령이 구현된 결과다.

음식은 무엇보다, 우리가 하나님께 의존하는 존재임을 잘 보여 준다. 하나님만이 홀로 자족하신다. 우리는 피조물이고, 하나님이 매 순간 우리를 보존해 주신다. 하나님을 향한 우리의 반역조차도 그분이 능력의 말씀으로 우주를 붙들고 계시기 때문에 가능하다. 하나님께 부르짖는 저항의 외침도 그분이 주시는 호흡이 있기에 가능하다.

우리는 식사를 할 때마다 우리가 하나님께 의존하는 존재이며 하나님이 세상을 신실하게 붙들고 계심을 거듭 기념한다. 매번. 음식은 감사하는 마음으로 받아야 한다. "예수께서 빵 다섯 개…를 손에 드시고…감사 기도를 드리…셨다"(9:16, 새번역).

"고대 세계에는 누구도 음식을 당연하게 여기지 않았다."[10] 오늘날은 사정이 다르다. 오늘날 우리에게는 월마트가 있다. 고객이 음식에 5달러를 쓴다면 그중 1달러는 월마트 차지다. 월마트가 하나의 국가라면, 그 경제 규모는 아르헨티나보다 클 것이다. 영국에는 테스코가 있다. 앤드루 심스(Andrew Simms)에 따르면, "일상의 필요를 채운다는 점에서 테스코는 거의 모든 것을 약속하고 있다." 테스코는 신의 자리를 대신한 것 같다. "테스코는 복지국가의 상업적 쌍둥이가 되어 고객이 상상할 수 있는 모든 상품과 서비스를 제공하려 한다. 이것은 여러 가지 이유에서 불건전한 일이다. 테스코는 여기서 더 나아가 모든 곳에 점포를 세우려 한다."[11] 테스코는 무소부재하고 전능하다. 월마트는 '월마트 이레', 즉 '공급자 월마트'다. 우리는 하나님께 기도하지만, 일용할 양식을 구할 때는 월마트로 간다.

"우리에게 날마다 일용할 양식을 주시옵고"(눅 11:3). 예수님은 우리에게 그렇게 기도하라고 가르치신다. 다음번 식사가 제대로 나올지 염려해서가 아니다. 오히려 염려하지 않기 때문에 일용할 양식을 구하는 기도를 해야 한다.

우리는 잔치뿐 아니라 금식을 통해서도 우리가 하나님께 의존하는 존재임을 표현한다. 음식이 하나님의 선하심을 보여 주듯, 금식의 허기는 우리에게 하나님의 필요를 기억하게 해준다. 우리 대부분은 다음 식사시간이 될 때까지 허기를 느끼는 일이 별로 없다. 아쉬운 것이 없으면 우리가 인생의 주인이라는 확신은 흔들리지 않는다. 그러나 금식하면 우리가 얼마나 아쉬운 게 많은 존재인지가 확 드러난다. 금식하면 피조물이라는 위치를 인식하게 된다. 우리는 자존하는 존재가 아니다. 공복통이 찾아오면 우리가 세상과 공동체와 하나님 없이 살 수 없음을 인식하고 감사 기도를 드리게 된다.

금식은 하나님을 의지해야만 물리적 만족과 영적 만족을 얻을 수 있음을 일깨워 준다. 음식에 대한 갈망이 커지면 하나님에 대한 갈망도 커진다. 우리는 보통 배가 고프면 괴팍해진다. 기분이 나쁘면 먹어서 푸는 이들도 있다. 어려울 때 우리는 습관적으로 음식을 일차적인 도피처나 피난처로 삼는다. 금식은 하나님을 계속 바라보도록 우리를 훈련시킨다. 마태복음 6:18에서 예수님은 은밀히 금식하는 사람들에게 보상을 약속하신다. 어떤 보상일까? 금식이라는 덕행으로 따낼 수 있는 보상은 아닐 것이다. 이 보상은 바로 하나님 자신이다. 존 파이퍼(John Piper)의 말을 들어 보자. "하나님으로부터 무엇을 얻어낼 수 있는지, 무엇을 받을 자격이 생기는지, 뜯어낼 수 있는지, 이런 것에 관심을 가져서는 안 된다. 복음 안에서 하나님의 선하심을 맛보았으니, 하나님의 좋은 선물들을 신으로 삼고 싶은 유혹을 매 순간 받는 가운데 어떻게 하면 하나님을 최대한 즐거워하며 살 수 있을 것인가? 이것에 관심을 가져야 한다."[12]

음식 대신 하나님을 바라보는 법을 배운다면, 이 원리를 다른 곳에도 적용할 수 있다. 금식은 유혹이 찾아올 때마다 하나님을 바라보도록 우리를 훈련시킨다. 우리 사회는 "기분이 내키는 일이면 하라"고 말한다. "맛이 좋으면 먹어라"고 바꾸어 표현할 수도 있겠다. 우리는 아무것도 거부하지 않는다. 하지만 자기부인 없는 삶은 신체적으로나 영적으로나 무력하다. 스포츠 스타들의 엄격한 훈련 방식을 생각해 보라. 바울은 몸의 욕구에 지배당하지 않으려면 엄격한 영적 훈련을 하라고 촉구한다. 그는 "내 몸을 쳐 복종하게"(고전 9:24-27)

한다고 말했다. 마르틴 루터는 이렇게 말했다. "금식에 대해서는 이렇게 말할 수 있다. 몸을 굴복시키고 제어하기 위해 자주 금식하는 것이 옳다. 위장이 가득 찬 상태의 몸은 설교나 기도나 연구는 물론 다른 어떤 선한 일을 하기에도 적합하지 않다."[13]

금식을 이야기하면 자칫 금욕을 경건의 전형으로 생각하고 음식을 영적 생활의 방해물로 여기게 될 위험이 있다. 그러나 우리 대부분은 정반대의 위험에 처해 있는 것 같다. 우리는 지나치게 많이 먹는 탓에 음식을 제대로 음미할 수 없는 지경에 이르렀다. 늘 배가 부르다 보니 배부름이 주는 물리적 기쁨을 누리지 못한다. 금식을 하면 소박한 음식을 하나님이 주신 선물로 받는 기쁨을 다시금 발견할 수 있다.

바울은 디모데에게 "혼인을 금하고 어떤 음식물은 먹지 말라"(딤전 4:3)고 하는 거짓 교사들을 조심하라고 당부한다. 이 거짓 교사들은 식욕과 성욕을 부인하는 것이 신령한 일이라고 주장했다. 하지만 그렇게 하면 우리는 하나님으로부터 분리되고(하나님의 선하심을 퇴짜 놓는 일이므로), 다른 사람들로부터 분리되고(자기만 특별히 잘난 줄 알기 때문에) 피조세계로부터 분리된다(그것을 열등하게 취급하므로). 바울은 그런 가르침이 악마적이라고 말한다(딤전 4:1, 새번역).

우리 사회에서 성(性)을 멀리하라고 말하는 이들은 많지 않다. 그러나 음식을 멀리하라고 충고하는 이들은 많다. 그때그때의 유행에 따라 특정 음식을 피하라는 경고가 나온다. 강박적으로 칼로리를 계산하고 탄수화물 섭취량을 측정하는 이들도 있다. 사람들은 언제나 음식에 숫자를 덧붙이고, 그것을 단순한 에너지원이나 약, 또는 심지어 독으로 대한다. 금욕이 영성의 전형이라고 믿는 그리스도인들도 있다.

바울은 분명 과식을 칭찬하지 않는다. 음식을 피난처로 여기는 사람은 지나치게 많이 먹게 될 우려가 있다. 음식의 질과 양은 중요하다. 그러나 음식이 하나님이 주신 선물이라는 사실을 놓치지 않도록 주의해야 한다. 음식은 좋은 것이다. 바울의 말은 이렇게 이어진다. "하나님께서 지으신 모든 것이 선하매 감사함으로 받으면 버릴 것이 없나니 하나님의 말씀과 기도로 거룩하여짐이라"(딤전 4:4-5). 음식을 좋은 것이라고 선언하신 하나님의 말씀을 받아들이고 음식을 주신 하나님께 감사 기도를 드리면 우리의 음식은 거룩해진다.

식전 '감사 기도'의 리듬을 재발견해야 한다. 누군가는 식사 기도를 새로 배워야 할 것이고, 또 누군가는 진부한 습관이 되어 버린 식사 기도를 새로운 마음으로 대해야 할 것이다. 그럼 식사 기도에는 무엇이 담겨야 할까?

- 나는 날마다 하나님을 의지해야 하는 피조물이자 죄인이라는 고백
- 재료를 기르고 가공하고 구입하고 요리한 이들을 허락하신 데 대한 감사와 내가 다른 이들에게 의존하는 존재라는 고백
- 음식은 좋은 것이라는 고백. 우리는 음식을 에너지원으로 보는 생각을 버리고 소중히 음미해야 할 선물로 받아야 한다.

- 하나님께 대한 감사. 감사함으로 자신에게 쏠려 있던 관심을 하나님께로 돌려야 한다.
- 함께 식사하는 이들을 주신 하나님께 감사. 우리 교제에 하나님이 복 주시기를 구한다.

이 아름다운 진리들을 기억하는 일은 얼마나 중요한지 모른다. 이 진리들을 기억하면 하나님과 그분이 주신 음식과 서로를 즐거워하는 데 정말 큰 도움이 된다. 하루에 세 번이라도 이 진리들을 기억하고 표현할 기회를 갖는다면 얼마나 좋겠는가!

하나님은 우리가 그분의 임재 앞에서 먹게 하시고자 밥상을 차리셨다. 하나님 앞에서 먹는 존재가 바로 인간이다. 여기에는 육체성이 포함된다. 하나님은 우리를 정신적으로 묵상만 하는 존재가 아니라 식사를 함께 나누는 존재로 창조하셨다. 그러나 식사가 전부는 아니다. "하나님은, 우리가 음식이라는 선물에 대한 갈망을 따라가다 보면 그것을 '주신 분'에게 이를 수 있게 하셨다."[14] 사람은 "떡으로만 사는 것이 아니요 여호와의 입에서 나오는 모든 말씀으로"(신 8:3) 산다.

4

밥 상 은

선교가 구현되는

자 리 다

누가복음 14장

쿠르드족의 새해를 기념하기 위해 우리 교회의 선교 공동체 중 한 곳에서 파티를 열었다. 우리는 케밥과 생음악을 준비했다. 도시 전역에서 백 명이 넘는 쿠르드족 사람들이 파티에 참가하기 위해 모였다. 우리는 과연 바닥이 버텨 줄지 걱정이 되었다. 지하실에 있던 우리는 위층에서 쿠르드족 사람들이 동시에 춤을 추는 바람에 바닥이 2-3센티미터씩 출렁이는 것을 보았다. 다행히 바닥은 무사했고, 그날 저녁 파티를 마무리하면서 내 친구 새뮤얼은 무대에 올라 쿠르드족을 향한 하나님의 사랑을 전하기 위해 파티를 열었다고 말했다.

어느 토요일 저녁, 아내는 직장 동료 한 사람을 우리 집 저녁 모임에 초대했다. 당시 우리 집에는 자매교회에서 온 두 명의 교우가 머물고 있었다. 다같이 카레를 만들어 먹고 함께 앉아 "브리튼즈갓탤런트"(Britain's Got Talent)를 봤다. 다음날 그 동료가 보내온 문자에는 이렇게 적혀 있었다. "당신 집은 피난처였어요." 몇 주 후 그녀는 우리 부부와 함께 성경 읽기 모임을 시작했다.

우리 교회의 선교 공동체 한 곳에서는 매달 파키스탄 남성들을 위해 '카레의 밤'을 연다. 열두어 명이 와서 집에서 만든 카레를 먹고 대화를 나눈다. 그것이 전부다. 그 외에는 덧붙일 것이 별로 없다. 관계가 깊어지고 복음을 전할 기회가 늘어나고 있다는 것 정도? 최근 그들은 파키스탄 여성들을 위한 비슷한 저녁 모임을 시작했다….

우리 동네에서는 매년 도로 한 곳을 막아 공터를 마련한 뒤 생음악, 게임, 경연대회, 바비큐 등을 준비하여 잔치를 연다. 도심의 거리 잔치를 추진하는 핵심 인력은 우리 교회의 몇몇 선교 공동체들에서 수고하는 서너 가족이다.

셰필드 유나이티드 축구경기장 지하에 있는 주민회관에서는 백 명이 넘는 온갖 국적의 사람들이 모였다. 우리 교회에서 비용을 대고 한 파키스탄 친구에게 부탁하여 카레를 곁들인 인도식 볶음밥 브리야니를 준비했다. 교인들은 디저트를 만들어 왔다. 우리는 식사 도중 두어 번 손님들에게 식사에 관한 이야기를 들려주었는데, 누가복음 7장에서 예수님의 발을 씻긴 여인 이야기와 누가복음 15장의 탕자 이야기였다.

어느 날 저녁, 교회 선교 공동체의 일원인 가이와 벌린다가 바비큐 파티를 열었다. 두 쌍의 그리스도인 커플과 두 쌍의 불신자 커플이 그 자리에 모여 집에서 만든 햄버거, 양념에 재운 치킨, 감자 샐러드, 어느 집 조리법에서 힌트를 얻은 렐리시(relish: 새콤달콤하게 초절이한 열매채소를 다져 만든 양념 – 역주)를 즐겼다. 후식으로는 폴란드 친구가 만든 플럼케이크가 나왔다. 그들은 정치, 축구, 일, 음식(물론), 신앙에 대한 대화를 나누었다.

우리 교회와 협력하는 한 교회는 벵골인들에게 접근하고 있다. 교인들이 동네에 있는 아시아계 식료품 가게에서 재료를 사다가 집에서 벵골 요리책을 보고 요리를 만든다. 가게 문을 닫을 즈음, 그들은 열심히 만든 요리를 가지고 다시 가게로 간다. 그리고 가게 주인과 함께 가게 뒤뜰에서 음식을 나누어 먹으며 성경과 이슬람에 대해 이야기를 나눈다. 주일이면 교인들이 지역주민회 친구들과 어울려 빵을 굽고, 벵골인 이웃들에게 영국 음식 요리법을 가르쳐 주고, 그들에게서 아시아 음식 요리법도 배운다.

최근에 나는 새로 이사 온 커플을 식사에 초대했는데 우리 교회의 젊은 커플도 자리를 같이했다. 밥상에 모든 음식을 차려 놓고 각자 접시에 음식을 덜었다. 그다음 우리는 접시를 들고 밖으로 나가 정원의 사과나무 아래 앉았다. 새로 이사 온 이웃이 우리에게 물었다. "서로 어떻게 아십니까?" "같은 교회에 다닙니다." "어떤 교회인가요?" "저 길 아래 집에서 모이는 교회입니다." "집에서요? 왜 그렇게 합니까?"

우리 선교 공동체 한 곳은 파키스탄 사람들에게 다가가고 있다. 그들은 한 파키스탄 가정을 위해 시골로 가는 소풍을 계획했는데, 다른 사람들도 함께 초대하게 되었다. 결국 40명의 사람들이 차나 기차를 이용해 소풍 장소에 도착했고, 함께 음식을 나누고 게임을 하고 관계를 돈독히 했다.

이 모두가 예수님이 아실 만한 선교 방식이다. 예수님이 참석하셨을 법한 행사다. 인자는 와서 먹고 마셨다.

이것은 당신이 할 수 있는 선교 방법이기도 하다. 어떤 의미에서 이런 모임들은 특별할 게 전혀 없다. 특별한 훈련도, 변증학 수업도, 선교학의 최신 전문용어를 익혀야 할 필요도 없다. 그러나 예수님을 향한 열정이 함께 하는 식사에 더해지면 복음을 전할 강력한 기회가 생긴다.

우리 선교 공동체 멤버들이 한 쿠르드족 카페에 다니기 시작했는데, 많은 쿠르드족 사람들을 알게 되면서 위층에 있는 '카지노'로 초대를 받았다. 혹시 범죄 소굴은 아닐까? 그들은 잠시 긴장했다. 알고 보니 그곳은 주사위놀이 백개먼, 달콤한 홍차, 쿠르드 방송이 나오는 텔레비전, 자욱한 담배 연기가 있는 휴게실이었다. 2년 후, 한 무리의 쿠르드족 사람들이 매주 모여 성경을 공부하게 되었다.

쿠르드족 카페에서 두 집만 건너가면 다른 교회에서 운영하는 카페가 있다. 손님이 두 사람 이상 있는 광경을 본 적이 없다. 카페 운영은 훌륭한 선교 사업이 될 수 있는데, 모임 장소가 부족한 동네라면 특히 그럴 것이다. 그러나 카페 운영은 힘든 일이다. 돈과 시간도 많이 든다. 기존의 카페나 바에 가는 일은 별다른 수고가 필요하지 않다. 예수님은 카페를 열지 않으셨다. 초청을 수락하셨을 뿐이다.

파티 하면 무엇이 떠오르는가? 오늘날 대부분의 사람들은 교회 하면 무엇을 연상할까? 어떻게 하면 교회를 파티처럼 느끼게 할 수 있을까?

누가복음 14:1-24

안식일에 예수께서 한 바리새인 지도자의 집에 떡 잡수시러 들어가시니 그들이 엿보고 있더라. 주의 앞에 수종병 든 한 사람이 있는지라. 예수께서 대답하여 율법교사들과 바리새인들에게 이르시되 "안식일에 병 고쳐 주는 것이 합당하냐, 아니하냐?" 그들이 잠잠하거늘 예수께서 그 사람을 데려다가 고쳐 보내시고 또 그들에게 이르시되 "너희 중에 누가 그 아들이나 소가 우물에 빠졌으면 안식일에라도 곧 끌어내지 않겠느냐?" 하시니 그들이 이에 대하여 대답하지 못하느니라.

청함을 받은 사람들이 높은 자리 택함을 보시고 그들에게 비유로 말씀하여 이르시되 "네가 누구에게나 혼인 잔치에 청함을 받았을 때에 높은 자리에 앉지 말라. 그렇지 않으면 너보다 더 높은 사람이 청함을 받은 경우에 너와 그를 청한 자가 와서 너더러 '이 사람에게 자리를 내주라' 하리니 그 때에 네가 부끄러워 끝자리로 가게 되리라. 청함을 받았을 때에 차라리 가서 끝자리에 앉으라. 그러면 너를 청한 자가 와서 너더러 '벗이여 올라 앉으라' 하리니 그 때에야 함께 앉은 모든 사람 앞에서 영광이 있으리라. 무릇 자기를 높이는 자는 낮아지고 자기를 낮추는 자는 높아지리라."

또 자기를 청한 자에게 이르시되 "네가 점심이나 저녁이나 베풀거든 벗이나 형제나 친척이나 부한 이웃을 청하지 말라. 두렵건대 그 사람들이 너를 도로 청하여 네게 갚음이 될까 하노라. 잔치를 베풀거든 차라리 가난한 자들과 몸 불편한 자들과 저는 자들과 맹인들을 청하라. 그리하면 그들이 갚을 것이 없으므로 네게 복이 되리니 이는 의인들의 부활시에 네가 갚음을 받겠음이라" 하시더라.

함께 먹는 사람 중의 하나가 이 말을 듣고 이르되 "무릇 하나님의 나라에서 떡을 먹는 자는 복되도다" 하니 이르시되 "어떤 사람이 큰 잔치를 베풀고 많은 사람을 청하였더니 잔치할 시각에 그 청하였던 자들에게 종을 보내어 이르되 '오소서. 모든 것이 준비되었나이다' 하매 다 일치하게 사양하여 한 사람은 이르되 '나는 밭을 샀으매 아무래도 나가 보아야 하겠으니 청컨대 나를 양해하도록 하라' 하고, 또 한 사람은 이르되 '나는 소 다섯 겨리를 샀으매 시험하러 가니 청컨대 나를 양해하도록 하라' 하고, 또 한 사람은 이르되 '나는 장가들었으니 그러므로 가지 못하겠노라' 하는지라. 종이 돌아와 주인에게 그대로 고하니 이에 집 주인이 노하여 그 종에게 이르되 '빨리 시내의 거리와 골목으로 나가서 가난한 자들과 몸 불편한 자들과 맹인들과 저는 자들을 데려오라' 하니라. 종

> 이 이르되 '주인이여 명하신 대로 하였으되 아직도 자리가 있나이다.' 주인이 종에게 이르되 '길과 산울타리 가로 나가서 사람을 강권하여 데려다가 내 집을 채우라. 내가 너희에게 말하노니 전에 청하였던 그 사람들은 하나도 내 잔치를 맛보지 못하리라' 하였다" 하시니라.

우리가 이제껏 만난 모든 주제가 이 식사에서 다시 등장한다.

우리에게 베푸시는 하나님의 은혜가 다시 보인다. 우리는 강권을 받아 하나님의 큰 잔치에 들어온 가난한 자, 지체장애자, 눈먼 자, 저는 자들이다. 우리는 아래와 같은 사람들이다.

- 영적으로 가난하다. 자신의 구원을 위해 내놓을 것이 하나도 없다.
- 영적인 지체장애자들이다. 죄 때문에 무력해졌다.
- 영적으로 눈이 멀었다. 예수님에 대한 진리를 보지 못한다.
- 영적으로 저는 자들이다. 혼자서는 하나님께 나아갈 수 없다.

대부분의 유대교 당국자들은 레위기 21:17-23을 확대해석하여 눈멀거나 지체에 장애가 있거나 저는 사람은 성전에 들어올 수 없다고 말했다. 그렇다면 예수님이 성전을 청결하게 하신 후 "맹인과 저는 자들이 성전에서 예수께 나아오매 고쳐주신"(마 21:14) 것은 얼마나 놀라운 일인가. 쿰란에서 나온 문서들을 보면, 에세네파는 레위기 21장을 가난한 사람들, 눈먼 사람들, 지체 장애가 있는 자들, 저는 자들은 메시아의 잔치에 참여하지 못한다는 뜻으로 해석했음을 알 수 있다.[1] 그렇다면 그들을 잔치에 부르라는 예수님의 메시지는 얼마나 의미심장한가. 여기서 우리는 하나님의 은혜가 기독교 공동체의 기초가 된다는 사실을 다시금 확인할 수 있다. 예수님은 누가복음 14:12에서 "점심이나 만찬"을 베푸는 이야기를 하신다. 16절에서 잔치를 준비하는 사람은 하나님을 나타내는데, 그분은 큰 잔치로 우리를 초대하신다. 우리의 파티는 하나님의 큰 잔치를 희미하게나마 반영하는 자리가 되어야 한다.

종교인들이 하나님의 은혜를 거절하는 모습은 또 있다(눅 14:16-24). 전통적인 중동 사회에서는 이중 초대가 흔했다. 먼저 손님을 초대해서 반응을 본 뒤 어떤 동물을 잡을지 결정했다. 그리고 대개는 다음 날, 모든 것이 준비된 상태에서 "오소서. 모든 것이 준비되었나이다"(17절) 하며 다시 사람들을 초대했다. 그런데 이후 등장하는 핑계들은 잔치 주최자를 면전에서 모욕하는 정도는 아니지만 궁색하기 짝이 없다. 밭을 보지도 않고 사거나 소를 부려 보지도 않고 사는 사람은 없을 테고, 잔치는 하루 일과가 다 끝난 이후에 열렸을 것이다. 최근에 근처에서 결혼식이 있었을 리도 없다. 그랬다면 혼인 잔치와 이 잔치가 충돌했을 것이다(잔치 주최자들은 그런 일이 없도록 사전에 계획을 했을 것이다). 더욱이 아내와의 일로 바쁘다는 말은 여자와 성에 대해 극도로 말을 아끼던 문화에서 매우 무례한 대답이었을 것이다.[2] 예수님의 요점은 분명하다. 오래 기다렸던 메시아의 잔치가 다가오고 있다는 것이다(참고. 눅 5:34). "오소서. 모든 것이 준비되었나이다"(14:17). 그러나 손님들(종교 지도자들처럼)은 잔치 초대를 거절하고 잔치 주최자를 모욕한다. 덕분에 이스라엘의 소외된 자들, 그리고 더 멀리 큰길과 산울타리 근처에 사는 이방인들까지 초대를 받는다. 그런 사람들에게는 오라고 강권해야 한다. 왜냐하면 자신이 초대받았다는 사실을 믿기 어려워하기 때문이다. 이 이야기의 끝부분에 '내 잔치'라는 말이 나온다. 예수님이 그 말씀을 하셨을 때는 '내'라는 단어에 살짝 힘을 주어 이야기 속 주인의 말이 바로 예수님의 말임을 강조하셨을 것 같다. 메시아의 잔치는 준비되었다. 당신들은 정말 초대를 거절할 것인가?

은혜의 세계와 종교의 세계의 충돌은 수종병 환자의 치유 사건에서 또 한 번 보인다. 여기 "지체에 장애가 있는" 사람이 있다. 예수님이 13절과 21절의 말씀을 하시며 지체에 장애가 있는 사람을 포함시키신 것을 보면, 12-14절의 권고와 잔치 비유가 이 치유 사건에 대한 부연 설명임을 알 수 있다. 종교는 장애가 있는 사람에게 줄 것이 없었지만, 예수님은 그를 고쳐 주셨다. 바리새인들은 은혜를 경험하지 못했고 자신에게 무엇이 필요한지도 몰랐다. 그런 그들이었기에 어려운 사람들을 모른 척했다. 그들에게 어떤 은혜도 베풀지 않았다. 그들은 내놓을 것이 없었고 할 말도 없었다(4, 6절).

종교인의 인생관을 알고 싶다면 그들의 식사 자리에 가 보라. 안식일에 회복이 없다. 자리다툼이 있다. 가난한 이들이 배제된다. 종교인들은 그들의 식사 덕분에 이스라엘의 정결이 유지된다고 생각한다. 그러나 예수님은 그들이 하나님의 백성을 위협하는 세력이라고 말씀하신다. 그들의 인생관은 추할 뿐 전혀 매력적이지 않다. 밥상에서는 우리의 마음이 드러난다. 우리의 관심사가 지위와 명예와 신분과 인정에 있다면, 우리의 식사 예절에 고스란히 반영되어 나타날 것이다. 자신의 인생관이 밥상에서 어떻게 나타나는지 보라. 누구를 초대하는지, 그들을 어떻게 접대하는지, 식사 초대로 바라는 바가 무엇인지, 집의 배치는 어떤지 생각해 보라. 거기에 하나님 나라의 비전이 담겨 있는가?

같이 하는 식사는 선교를 구현하는 자리

큰 잔치 이야기에는 외부인들을 식사에 초대하라는 새로운 권고가 들어 있다. 예수님은 바리새인의 집에서 식사하시면서 이 이야기를 하셨다. 잔치를 베푼 바리새인이 초대한 손님 목록은 3절에서 짐작할 수 있다. "예수께서 대답하여 율법교사들과 바리새인들에게 이르시되…." 주인은 자신과 비슷한 사람들을 초대했다. 그러나 자기와 같은 부류와 함께 식사하는 일이 유대 사회만의 특징은 아니었다. "제국의 정치적 안정의 중심에는 호혜성의 윤리가 놓여 있었다. 로마

황제부터 벽지의 아이에 이르기까지, 받은 것은 갚아야 한다는 의무에 단단히 매여 있었다.…호혜성에 대한 기대는 자연스럽게 밥상으로 확대되었다."[3] 가난한 사람들에게 음식을 주는 일이 문제가 되지는 않았다. 그러나 그것은 뒷문으로 이루어지는 일이었다. 그들을 집안으로 초대하는 일은 없었다. 그러면 오염되기 때문이었다. 스콧 바치는 이렇게 적고 있다. "가족을 제외하면 사람들은 대체로 자기와 같은 사회계급에 속한 사람들과 식사하기를 좋아한다."[4] 오늘날에도 상황은 그리 다르지 않다. 지금도 우리는 나와 비슷한 부류와 식사하기를 좋아한다.

그러나 예수님은 이렇게 말씀하신다. "또 자기를 청한 자에게 이르시되 '네가 점심이나 저녁이나 베풀거든 벗이나 형제나 친척이나 부한 이웃을 청하지 말라. 두렵건대 그 사람들이 너를 도로 청하여 네게 갚음이 될까 하노라. 잔치를 베풀거든 차라리 가난한 자들과 몸 불편한 자들과 저는 자들과 맹인들을 청하라. 그리하면 그들이 갚을 것이 없으므로 네게 복이 되리니 이는 의인들의 부활 시에 네가 갚음을 받겠음이라' 하시더라"(12-14절). 호혜성이 아니라 은혜의 윤리에 의거한 예수님의 밥상 교제는 로마제국 한복판에서 새로운 대항문화를 만들어 냈다. "예수님이 요구하시는 행동들은 부자와 가난한 자, 내부자와 외부자를 나누던 간격을 없애게 될 터였다."[5]

당신의 교회가 하고 있는 활동들을 꼼꼼히 살펴보라. 많은 경우 모종의 호혜적 보상을 제안하고 있지 않은가? 교회의 청소년 프로그램은 동네의 믿지 않는 젊은이들에게 다가가기 위한 것인가, 아니면 교회 아이들을 안전하게 지키고자 함인가? 가정 모임들은 함께 모험적인 선교 활동을 벌이는가, 아니면 서로를 격려하는 아늑한 모임에 그치는가?

누가는 13절과 21절에서 가난한 이들, 지체 장애가 있는 자들, 눈먼 자들, 저는 자들을 다시 거론한다. 이 네 가지 유형은 주변인, 힘없는 사람, 취약 계층 전체를 대표한다. 이들은 야고보서 1:27에서 말하는 "고아와 과부들"이고 누가복음 15:1의 "세리와 죄인들"이다. 우리는 우리가 체험한 하나님의 은혜를 가슴에 품고 주변인들을 대해야 한다. 하나님이 우리를 그분의 잔치에 불러 주시고 환영하시니 우리도 가난한 자들을 환영해야 한다. 하나님이 원하시는 금식은 "굶주린 사람에게 먹을 것을 나눠 주고 가난한 노숙자를 집에 맞아 들이는 것"(사 58:7, 우리말성경)이다.

우리는 그리스도를 따라 깨어진 세상으로 들어가도록 부르심을 받았다. 돈을 내는 일에 만족하면 가난한 이들과 멀찍이 거리를 두게 된다. 예수님은 죄인들의 친구셨다. 2장에서 배운 바와 같이, 예수님 당시 누군가를 식사에 초대한다는 것은 그와 나를 동일시한다는 표현이었다. 그렇기 때문에 사람들이 세리 및 죄인들과 같이 식사하시는 예수님의 처신을 말도 안 된다고 여겼던 것이다. 예수님은 "나는 이들과 똑같다"고 말씀하신 것이다. 크리스틴 폴(Christine Pohl)은 이렇게 말한다.

우리는 어려운 사람들을 도우면서도 그들과 우리 사이의 널찍한 경계 지대를 그대로 유지하는 경우가 많다. 많은 교회가 배고픈 이웃을 위해 음식을 준비하고 대접한다. 하지만 음식이 필요한 사람들과 편안하게 앉아 함께 음식을 먹는 교회는 적다. 우리와 많이 다른 사람들을 상대할 때는 식사를 같이 하면서 대화를 나누기보다 그들을 위해 요리를 하고 청소를 해주는 쪽이 대체로 더 편안한 법이다. 우리는 돕는 자로서의 역할에는 친숙하지만 동등한 입장이 되어 같이 먹는 일은 익숙하지 않다. 어려움에 처한 이들과 같이 있는 것 자체가 쉽지 않은 일이다. 돕는 역할에만 만족하면, 도움을 받는 이들과 우리의 관계가 한정되고 그 관계는 위계적인 것으로 고착된다.[6]

우리는 가난한 이들에게 필요한 것을 공급하는 일만으로 은혜의 구현이 가능하다고 생각한다. 그러나 그것은 절반의 성공일 뿐이다. 사회적 역학관계를 고려하지 못했기 때문이다. 우리는 가난한 사람들을 도우면서 나는 유능하고 당신들은 무능하다는 메시지를 전달한다. "난 당신을 위해 뭔가 할 수 있어. 하지만 당신은 날 위해 아무것도 할 수 없지. 내가 당신보다 우월해." 동정으로 우월감을 감추지만, 우월감을 품은 동정은 선심 공세와 다를 바 없다.

그러나 우리가 누군가와 마주 앉아 식사를 같이 한다면 역학관계는 전혀 달라진다. 동등한 존재로 만나 가진 것을 서로 나누게 된다. 서로를 인정하고 서로를 누리게 된다. 한 여성이 내게 이런 말을 한

적이 있다. "사람들이 나를 돕기 위해 많은 일을 한다는 거 알아요. 하지만 나는 누군가가 내 친구가 되어 주면 좋겠어요." 사람들은 누구나 어떤 프로젝트의 대상이 되고 싶어 하지는 않는다. 주변부로 밀려나고 배척당하고 무력감에 시달리던 그들에게는 환영과 포용이 필요하다. 중요한 존재로 인정받을 자리가 필요하다. 그들에게는 공동체, 기독교 공동체가 필요하다.[7]

당신이 누군가에게 수프 한 그릇을 건네며 "당신은 하나님이 필요한 죄인입니다"라고 말한다면, 상대방은 그 말을 "당신은 실패자요. 그러니 나처럼 되어야 해요"라는 의미로 들을 것이다. 그러나 당신이 친구로서 수프를 함께 먹고 난 뒤 나도 문제가 심각한 사람이라고 말한다면, 죄와 은혜에 대해 이야기할 수 있게 된다. 짐 피터슨(Jim Peterson)은 이렇게 적었다. "가정의 저녁 식사 시간이나 조용한 식당은 복음 전도에 최적의 환경이다."[8]

예수님을 생각해 보라. 그렇다. 그분은 종의 자세로 제자들의 발을 씻어 주셨다. 그러나 자주 대접을 받기도 하셨다. 레위에게 손님 대접을 받으셨고(눅 5장), 시몬의 집에서 한 여인이 그분의 발을 씻도록 허락하셨다(눅 7장). 사마리아에서는 한 여인에게 물을 청하셨다(요 4장). 그분은 죄인들을 돕기만 하지 않으셨고 그들을 상대로 프로젝트를 진행하지도 않으셨다. 그분은 죄인들의 친구들로 오셔서 그들과 함께 먹고 마셨다.

필립 얀시(Philip Yancey)는 「놀라운 하나님의 은혜」 초반부에서 시카고의 한 매춘부 이야기를 들려준다. 얀시는 그녀에게 교회를 찾아가 도움을 청할 생각을 해 봤느냐고 물었다. 그러자 그녀는 소리를 질렀다. "교회요? 거길 왜 가요? 내 신세를 생각하면 안 그래도 기분이 엉망인데, 교회에 가면 기분이 더 나빠질 게 뻔해요."[9]

매춘부들은 예수님과 함께 식사하기를 좋아했다(눅 15:1-2). 그런데 오늘날 그들은 예수님이 세우신 교회를 전염병 대하듯 피한다. 뭔가 잘못되었다.

예수님의 가르침은 성경을 믿는 당대의 종교인들을 불쾌하게 만든 반면, 종교와 거리가 먼 사람들에게는 매력적으로 다가갔다. 하지만 현대 교회들은 대체로 이런 결과를 내지 못한다. 예수님에게 매력을 느꼈던 외부자들은 현대 교회에 매력을 느끼지 못한다. 첨단을 걷는다는 교회들도 별반 다르지 않다. 현대 교회는 보수적이고 고지식하고 율법주의적인 사람들을 끌어당긴다. 그러나 음탕하고 도덕과 관습에 신경 쓰지 않는 자들, 깨어진 주변인들은 교회를 피한다. 이런 상황이 의미하는 바는 한 가지다. 목사들의 설교와 교인들의 실천이 만들어 낸 열매가 예수님의 경우와 다르다면, 우리는 분명 예수님과 다른 메시지를 전하고 있는 것이다.[10]

대반전

누가복음 14:7-11에는 윗자리를 놓고 벌이는 기싸움이 등장한다.

이것은 정상적인 행동이었다. 손님들의 사회적 지위에 따라 앉을 자리를 정해야 했기에 자리 배정은 까다로운 일이었다.[11] 나중에 윗자리로 올라갈 수 있도록 낮은 자리를 택하라는 예수님의 조언을 어떻게 이해해야 할까? 이것은 처세법을 알려 주는 평범한 지혜나 조언일 뿐일까? 내 생각은 다르다. 핵심 문구는 11절이다. "무릇 자기를 높이는 자는 낮아지고 자기를 낮추는 자는 높아지리라." 이 말씀은 누가복음 1:52-53에 나오는 마리아의 노래와 공명한다. "권세 있는 자를 그 위에서 내리치셨으며 비천한 자를 높이셨고 주리는 자를 좋은 것으로 배불리셨으며 부자는 빈손으로 보내셨도다."

하나님 나라에서는 세상의 질서가 완전히 뒤집힐 것이다. 하나님이 가난하고 보잘것없는 마리아를 택하신 것은 다가올 일을 알리는 신호다. 그 날에는 지위에 반전이 있을 것이다. 누가의 메시지는 하나님이 세상의 질서를 뒤집으실 그때, 아래쪽에 있으라는 뜻이다. 12-14절은 식사 초대명단을 교체하라는 내용이다. 이것은 하나님이 부활의 잔치에 당신(한때 그분으로부터 멀리 떨어져 주변에 있던)을 초대하시는 것처럼, 주변인들을 초대하라는 의미다. 7-11절은 자리 교체를 다룬다. 높은 지위를 놓고 다투지 말고 자신을 낮추면 하나님이 부활의 날에 높여 주실 거라는 내용이다. "음식을 나누는 일은 사회적 관계의 '민감한 척도'다. 따라서 예수님이 식사 자리 배치 및 초대와 관련한 기존의 관행을 뒤엎으신 것을 현명한 조언 정도로 볼 수는 없다. 그분은 고대 지중해 세계의 문화와 사회적 현실을 무너뜨리고 대안을 제시하신다. 당시의 상류층 사람들은 그것을 터무니없는 생각으로 여겼을 것이다."[12]

한걸음 앞으로 돌아가 누가가 복음서를 쓴 이유를 물어볼 시간이다. 그는 누가복음 서두에서 이렇게 말한다. "그런데 존귀하신 데오빌로님, 나도 모든 것을 처음부터 정확하게 조사하여 보았으므로, 귀하게 이 이야기를 차례대로 엮어 드리는 것이 좋겠다고 생각하였습니다. 이는, 이미 배우신 일들이 확실하다는 것을 귀하께서 아시게 하려는 것입니다"(1:3-4, 새번역).

데오빌로가 배운 내용은 무엇이었으며 누가는 어떻게 그 내용이 확실하다는 것을 알려 줄 수 있을까? 데오빌로가 배운 것이 예수님의 생애뿐이라면 누가가 그 확실함을 증명한다는 말의 의미를 파악하기 어렵다. 데오빌로는 먼저 된 자가 나중 되고 나중 된 자가 먼저 될 날이 오고 있다고 배웠을 것이다. 하나님이 영원한 잔치를 준비하시는데, 죄인들은 초대를 받지만 자기 의에 빠진 자들, 교만한 자들은 초대받지 못한다고 배웠을 것이다.

누가복음 14장의 식사 이야기가 나오기 직전, 누가는 다른 식사 이야기로 이 대반전을 상기시킨다. 그 이야기에는 환대를 거절하여 심판받는 사람들이 나온다. "집 주인이 일어나 문을 한 번 닫은 후에 너희가 밖에 서서 문을 두드리며 '주여, 열어 주소서' 하면 그가 대답하여 이르되 '나는 너희가 어디에서 온 자인지 알지 못하노라' 하리라"(눅 13:25). 예수님과 식사를 같이 한 일(누가복음 14장에 나오는 바리새인들의 경우처럼)만으로는 충분하지 않을 것이다. 예수님은 예루살렘의 자녀들을 모으고자 하셨지만 그들은 오지 않았다(13:34). 이 부분은 14장의 큰 잔치 비유에서 다시 한 번 등장한다. 메시아 잔치에 초대받은 사람들은 전 세계에서 모여들 것이다. "사람들이 동서남북으로부터 와서 하나님의 나라 잔치에 참여하리니"(13:29). 결론은 다음과 같다. "보라, 나중 된 자로서 먼저 될 자도 있고 먼저 된 자로서 나중 될 자도 있느니라"(13:30). 대반전이 다가온다.

데오빌로는 예수님에 대한 누가의 기록을 보고 자신이 배운 내용이 확실하다는 것을 알았을 것이다. 누가의 기록은 예수님의 사역, 무엇보다 그분의 밥상 교제로 대반전을 미리 맛보게 하기 때문이다. 예수님이 지금 죄인들을 환영하시고 그들과 함께 식사하시는 것처럼, 하나님이 그분의 영원한 잔치에서 죄인들을 환영하시고 그들과 함께 식사하실 것이다. 예수님은 자기 의에 사로잡힌 자와 교만한 자들을 낮추시고, 비천한 자들, 별 볼 일 없는 주변인들을 환영하신다. 예수님의 사역은 마지막 날에 이루어질 대반전을 보여 주는 그림이다. 이러한 기독교 공동체의 구성은 부자와 권력자들에게 들려주는 강력한 증언이다.

사회를 변화시키고 싶다면 그 사회의 엘리트와 여론 주도층에게 다가가라는 말이 있다. 흔히 들을 수 있는 말이고 나름 일리도 있다. 그러나 우리가 부자와 권력자들에게 적응해 버리면 아무것도 달라지지 않을 위험이 있다. 누가는 데오빌로 '각하' 같은 사람들에게 다가가기 위해 다른 전략을 구사한다. 그는 예수님의 밥상 교제를 보여 주었다. 가난한 사람들에게 다가감으로써 부자들에게 접근한 것이다. 누가는 이런 방식으로 엘리트층의 가치 체계에 문제를 제기하고 하나님의 은혜를 구체적으로 보여 주었다(고전 1:26-31).

반전의 그날이 오면, 데오빌로는 주변부로 밀려난 가난하고 박해 받는 예수님의 공동체에 자신을 맞춰야 할 것이다. 스콧 바치는 이렇게 논평한다. "누가가 강조하는 바는 누가복음을 받아 본 엘리트 그리스도인들에게 '거북한 요소'였을 것이다. 사회의 모든 구성원을 받아들이는 공동체에 참여하게 되면 그들이 가진 지위의 기반이 되는 사회적 인맥을 잃게 되기 때문이다."[13] 이것이 7-11절의 의미다. 언젠가 비천한 자가 높아질 터이니 비천한 자가 되라. 언젠가 외부자들이 내부자가 될 터이니 외부자들과 함께 있어라. 가난한 사람들을 어떻게 대하는가는 누가복음 전반에 걸쳐 등장하는 진정한 제자도의 시금석이다.

누가복음은 이 반전의 메시지를 믿으라고 촉구한다. 그래서 하나님의 말씀에 대한 확신도 중요한 주제로 다룬다.[14] 누가는 데오빌로가 미래에 대한 하나님의 말씀을 신뢰하기를 바란다. 누가복음 11장에 이런 말씀이 있다. "무리 중에서 한 여자가 음성을 높여 이르되 '당신을 밴 태와 당신을 먹인 젖이 복이 있나이다!' 하니 예수께서 이르시되 '오히려 하나님의 말씀을 듣고 지키는 자가 복이 있느니라!' 하시니라"(27-28절).

대반전의 메시지를 제시하는 누가의 의도를 파악하고 나면, 누가복음의 또 다른 주요 주제를 이해할 수 있다. 곧, 많은 재산에 따르는 위험이다. 재산이야말로 데오빌로 '각하' 같은 사람들이 그리스도의 공동체로 투신하지 못하게 막는 요소다. "집 하인이 두 주인을 섬길 수 없나니 혹 이를 미워하고 저를 사랑하거나 혹 이를 중히 여기고 저를 경히 여길 것임이니라. 너희는 하나님과 재물을 겸하여 섬길 수 없느니라"(눅 16:13). 큰 잔치의 비유에서 사람들은 이 세상의 것들에 눈이 팔려 잔치 초대를 거절한다(14:18-20). 씨 뿌리는 자의 비유에서 가시떨기에 뿌려진 씨앗은 "이생의 염려와 재물과 향락에 기운이 막혀 온전히 결실하지 못하는"(8:14) 사람들을 나타낸다. 예수님은 청중을 향해 "삼가 모든 탐심을 물리치라. 사람의 생명이 그 소유의 넉넉한 데 있지 아니하니라"(12:15)고 경고하신 후, 풍작을 거두었지만 하나님에 대하여 부요하지 못한 농부의 비유를 들려주신다(12:15-21). 또 "눈을 들어 제자들을 보시고…'너희 가난한 자는 복이 있나니 하나님의 나라가 너희 것임이요.…그러나 화 있을진저 너희 부요한 자여, 너희는 너희의 위로를 이미 받았도다"(6:20-24)라고 말씀하신다. 누가복음 18장의 젊은 부자 관리는 슬픈 얼굴을 하고 예수님을 떠난다. 재산을 사랑하여 떠나가는 부자를 보고 예수님은 말씀하신다. "재물이 있는 자는 하나님의 나라에 들어가기가 얼마나 어려운지 낙타가 바늘귀로 들어가는 것이 부자가 하나님의 나라에 들어가는 것보다 쉬우니라"(18:24-25).

이 부자 청년과 헤어진 직후 예수님은 또 다른 부자를 만나 그의 집에 식사하러 가겠다고 하신다(눅 19:1-10). 삭개오는 돈을 사랑했다. 돈을 벌기 위해 사회적인 배척도 감수하고 하나님의 원수가 되었다. 그는 값비싼 대가를 치렀다. 하지만 삭개오는 예수님과 만난 후 다른 사람이 된다.[15] 재산 때문에 예수님을 따르지 못했던 누가복음 18장의 존경받는 부자와 달리, 재산의 절반을 가난한 사람들에게 나눠주고 누군가에게 강탈한 것이 있으면 네 배를 갚겠다고 선언함으로 자신의 회개를 표현했다. 예수님과 함께 식사를 하면서 하나님의 은혜를 체험한 삭개오는 탐욕에서 해방되었다. 누가는 우리에게 이 패턴을 따라오라고 초청한다.

식사는 선교를 구현한다. 식사는 은혜를 구현하기 때문이다. 삭개오가 예수님과 식사하기 전에 그분의 가르침을 얼마나 알았는지, 예수님이 식사 도중 무슨 말씀을 하셨는지 우리는 모른다. 그러나 예수님이 삭개오와 식사하신 일이 군중의 분노를 부채질했다는 것은 안다(7절). 그들이 볼 때 이 '작은' 사람은 '기피 인물'(*persona non grata*, 문자 그대로 은혜받지 못한 사람)이었다. 예수님의 초대는 하나님의 은혜를 드러냈고, 그 은혜가 삭개오의 마음을 변화시켰다.

영화 "바베트의 만찬"(Babette's Feast)은 18세기 덴마크의 한 기독교 공동체 이야기를 들려준다. 그들은 잘못된 길로 접어든 기쁨 없는 율법주의에 사로잡혀 있다. 바베트는 파리에서 온 피난민으로, 공동체 안의 두 자매와 함께 산다. 그녀는 12년 동안 그들의 가정부 노룻을 하며 내내 소박한 식사를 준비한다. 그러던 어느날 그녀는 만 프랑짜리 복권에 당첨된다. (친구가 매년 그녀를 대신해 파리 복권을 샀는데, 그해에 그녀의 번호가 당첨된 것이다.) 바베트는 공동체를 위해 만찬을 준비해도 되겠느냐고 묻는다. 그녀는 더없이 훌륭한 요리들을 계속 내놓는데 그 절정은 메추라기 새끼 요리였다. 우연히 그곳을 방문한 한 장군이 이런 음식은 파리의 유명한 식당 '카페 앙글레'에서 딱 한 번밖에 맛본 적이 없다고 감탄한다. 공동체는 함께 모여 맛있는 음식을 먹으면서 서서히 기쁨을 되찾는다. 불화가 가시고 서로 죄를 고백한다. 저녁 식사가 끝나자 공동체 사람들은 마을 우물가에 모여 손을 잡고 돌면서 오래된 찬양을 부른다. 한편 두 자매는 혼란 그 자체인 부엌에서 바베트를 발견한다. 그녀는 먼 곳을 바라보며 이렇게 말한다. "예전에 카페 앙글레에서 요리사로 일했어요." 두 자매가 말한다. "네가 파리로 돌아간 후에도 우리는 오늘 저녁을 언제까지나 기억할 거야." 그러나 바베트는 파리로 돌아가지 않을 것이다. 그녀는 만찬 준비에 만 프랑을 모두 썼다. 은혜를 구체적으로 보여 준 한 번의 풍성한 식사로 기쁨을 모르던 공동체에 변화가 찾아왔다.[16]

식사를 통한 선교

예수님은 프로젝트를 운영하거나 선교단체를 세우거나 프로그램을 만들거나 이벤트를 열지 않으셨다. 식사를 하셨다. 예수님을 향한 열정이 있는 사람이 정기적으로 사람들을 불러 식사를 같이 하고 있다면, 그는 머지않아 선교가 이루어지고 있음을 알게 될 것이다. 식사가 사람을 구원하지는 못한다. 구원은 복음의 메시지를 통해 이루어진다. 그러나 밥상에서 함께 음식을 먹다 보면 복음을 전하는 사람의 말과 절묘한 공명을 이루는 분위기가 만들어질 것이다.

하나님의 백성 이야기에는 언제나 환대가 빠지지 않았다. 아브라함은 세 나그네에게 발 씻을 물과 원기를 회복할 음식을 제공하여 본을 보였다. 그 일을 통해 그는 하나님을 대접했고 하나님의 약속을 새롭게 받았다(창 18:1-18). 하나님은 약속의 땅에서 이스라엘을 보살핀 주인이시며(시 39:12; 레 25:23), 그들이 나그네였음을 잊지 말라고 말씀하신다. 모세 율법에는 나그네를 환영하고 어려운 사람들에게 먹을 것을 주라는 규정이 들어 있다. 라합은 환대로 믿음을 표현하여 구원을 받았다(수 2장; 약 2:22-25).

환대는 새 언약을 받은 그리스도인들에게도 여전히 중요하다. "성도들의 쓸 것을 공급하며 손 대접하기를 힘쓰라"(롬 12:13). "서로 대접하기를 원망 없이 하라"(벧전 4:9; 참고. 딤전 5:10). "너희를 영접하는 자는 나를 영접하는 것이요 나를 영접하는 자는 나를 보내신 이를 영접하는 것이니라"(마 10:40; 참고 25:35-40). "손님 대접하기를 잊지 말라. 이로써 부지중에 천사들을 대접한 이들이 있었느니라"(히 13:2).

사도행전 10장에서 하나님은 베드로의 꿈에 나타나 부정한 음식들을 잔뜩 보여 주시며 먹으라고 말씀하셨다. 초대교회의 선교에서 결정적인 순간이었다. 이 일로 인해 베드로는 처음으로 이방인들에게 가서 복음을 전하게 되기 때문이다. 베드로는 이방인들에게 이렇게 말한다. "유대인으로서 이방인과 교제하며 가까이 하는 것이 위법인 줄은 너희도 알거니와 하나님께서 내게 지시하사 '아무도 속되다 하거나 깨끗하지 않다 하지 말라' 하시기로 부름을 사양하지 아니하고 왔노라"(행 10:28-29). 뭇 민족들에 대한 선교는 환대에 대한 새로운 이해와 함께 시작되었다.

환대는 이후에도 계속 교회 선교의 핵심에 자리 잡았고 때로는 주된 선교 방법이 되기도 했다. 540년에 작성된 베네딕트 수도회의 회칙에는 이런 내용이 있다. "문 앞에 오는 모든 손님을 그리스도로 알고 환영해야 한다. 그리스도께서 친히 '나는 나그네였고 네가 나를 맞아 주었다'고 말씀하실 것이기 때문이다." 수도원 운동에는 많은 결점이 있었지만 이 부분만은 바르게 파악했다. 그들은 부자와 가난한 자들에게 동일한 환대를 베풀어 선교의 기회로 삼았다. 리처드 니버(Richard Niebuhr)는 이렇게 주장했다. "수도원 운동은 중세 교회가 현실을 묵인하고 화석화될 위기, 비전과 참된 혁명적 특성을 상실할 위기에 나타나 교회를 구했다."[17] 선교학자 데이비드 보쉬(David Bosch)는 이렇게 적었다. "잘 알려진 대로 수도원은…문화와 문명의 중심지였다. 그러나 동시에 선교의 중심지이기도 했다. 수도 공동체들은 자기 사랑에 사로잡힌 세상 한복판에서 하나님이 다스리시는 세계를 가시적으로 보여 주는 표지판이자 그 세계를 예비적으로 실현하는 곳이었다."[18] 수도원은 선교를 목적으로 설립된 곳은 아니었지만, 수도원 거주자들의 경건, 노고, 학문, 집요함과 환대는 보통 사람들에게 큰 영향을 끼쳤다. "각 수도원은 여러 건물, 교회, 작업실, 상점, 빈민 구호소로 이루어진 복합 시설이었는데, 주변 지역사회 전체의 유익을 추구하는 여러 활동이 활발하게 이루어졌다. 하늘 도성의 시민들이 이곳에서 땅의 도성의 평화와 안정을 위해 적극적으로 일했다."[19]

식사는 현대의 선교에도 여전히 중요한 역할을 한다. 신학자이자 요리사인 사이먼 캐리 홀트(Simon Carey Holt)의 말을 들어 보자.

> 밥상은 아주 평범하고 판에 박힌 일상적인 공간이어서 사역을 위한 공간으로서의 잠재력을 놓치기 쉽다. 기독교 선교의 핵심이라고 할 수 있는 환대는 사실 대단히 평범한 일이다. 엄청나게 복잡하지도 않고, 매우 매력적이지도 않다. 하지만 우리가 밥상에서 벌이는 사역은 그 평범함 때문에 교회의 선교 사명에 더없이 중요한 요소가 된다.…환대가 하는 일은 대부분 눈에 띄지 않고 인정받지도 못한다. 기본적으로 환대는 하나님의 영이 움직이실 공간을 마련하는 일이다. 상차림, 요리, 설거지는 윤활유 같은 사역이다. 사람들에게 사랑받고 환영받고 있다는 느낌을 주는 자리, 하나님의 영이 그들의 삶에서 일하실 수 있도록 자리를 마련하는 일이다. 환대는 아주 평범한 일이고 그 평범함에 진정한 가치가 있다.[20]

다른 곳에서 홀트는 또 이렇게 말했다. "보이는 모습과 상관없이, 당신의 밥상은 거룩한 곳이다. 어떤 다른 밥상 못지않게 하나님의 풍성한 은혜가 임하는 자리다."[21]

식사를 통해 선교가 평범한 일상 속으로 들어온다. 대부분의 사람들은 바로 거기, 평범한 일상 속에서 산다. 사람들에게 다가가려면 그리로 가야 한다. 우리는 선교를 비범한 일로 생각하기 쉽다. 교회 모임 밖에서 예수님 이야기를 꺼내기가 어색하기 때문일 것이다. 하나님은 우리 같은 사람들의 증언이 아니라 뭔가 극적인 일을 통해 일하신다고 생각하기 때문인지도 모르겠다. 선교를 전문가들에게 떠넘기고 싶어서 그럴 수도 있다. 그래서일까? 우리는 '전문가'가 선교 서비스를 대신해 주는 자리로 사람들을 초대한다. 그러나 대부분의 사람들은 평범하게 살아가고, 그들에게 다가가는 이들도 평범하다. 특별한 행사에 참석하는 사람들도 대개는 먼저 그리스도인과 친구가 되었기에 그 자리까지 나간다. "동네 사람들과 어울리기 원하는가? 정말 원한다면 그것은 그리 어려운 일이 아니다. 사람들을 집으로 초대해 식사를 함께 하고 힘든 일이 있을 때 찾아오라고 말하는 거다. 어차피 해야 할 식사, 다른 사람들과 함께 하는 것이 어떤가!"[22]

예수님은 가난한 사람들을 저녁 식사에 초대하라고 명령하신다. 그들과 얽히기 싫어하고 거리를 유지하고 싶어 하는 우리의 생각을 흔들어 놓으신다. 환대가 선교라면, 선교를 전문가의 일로 여기는 생각은 설 자리가 없어진다. 선교는 하루 일과를 마치고 나서 툭툭 손을 털고 일어날 수 있는 일이 아니다. 예수님이 우리에게 명하시는 환대는 프로그램이나 프로젝트로 제도화될 수 없다. 예수님은 우리에게 집에서 선교를 하라고 촉구하신다. 놀랄지도 모르겠지만, 나는 교회에서 먹는 점심 식사가 싫다. 찬바람이 들어오는 썰렁한 홀에서 각자 준비해 온 음식으로 진행하는 만찬은 개인적으로 별로라 생각한다. 그건 제도화된 환대다. 교회에서 그러지 말고 각자의 집을 개방하라.

문화 참여가 중요하다고 많이들 얘기한다. 옳은 말이고 유용한 면도 있다. 그러나 문화 참여를 한답시고 사람들과의 만남을 소홀히 해서는 안 된다. 사람들은 무한히 다양하며 우리의 사회학적 범주에 잘 들어맞지 않는다. 누군가의 세계관을 이해하고 싶다면 책을 읽을 것이 아니라 그와 이야기를 나누고 같이 어울려 다니며 식사를 함께 해야 한다.

선교할 시간이 없다는 불평을 자주 듣는다. 하지만 누구나 먹어야 하지 않는가. 하루 세 끼, 일주일에 7일. 추가 일정을 잡을 필요 없이 선교와 교제를 나눌 수 있는 기회가 스물한 번이나 있는 셈이다. 출근길에 다른 그리스도인과 만나 아침 식사를 같이 하면서 함께 성경을 읽고 서로의 신앙과 생활을 점검하고 기도할 수 있다. 점심시간에는 직장 동료들과 만날 수 있다. 자, 이제 잠시 책을 내려놓고 테이블 맞은편에 앉아 있는 사람에게 가볍게 말을 걸어 보라. 동네 사람을 식사에 초대할 수도 있다. 다른 교회 식구와 함께 초대하면 더

좋을 것이다. 그렇게 하면 선교와 교제가 동시에 이루어진다. 게다가 믿지 않는 이웃들은 복음이 그리스도인의 인간관계에 어떤 영향을 미치는지 알게 될 것이다(요 13:34-35; 17:20-21). 혼자 사는 이웃을 초대해 식사를 함께 하고 보드 게임을 즐기는 것도 좋다. 이때, 자녀들은 다른 사람들을 환영하는 방식으로 그들을 섬길 기회를 얻게 된다. 프란시스 쉐퍼(Francis Schaeffer)는 이렇게 말한다.

> 대형 프로그램으로 시작하지 마십시오. 교회 예산을 써서 시작하면 된다고 생각하지 마십시오. 개인적으로, 각자의 집에서 시작하십시오. 여러분에게 감히 촉구합니다. 예수 그리스도의 이름으로 감히 촉구합니다. 제 말대로 하십시오. 공동체를 위해 먼저 가정을 개방하십시오.…대형 프로그램이 필요한 게 아닙니다. 제직회나 당회를 설득할 필요가 없습니다. 그냥 자기 집을 개방하고 시작하면 됩니다. 그렇게 하면 분명 누군가가 찾아와 그 시간을 함께할 것입니다.[23]

동네 문화 행사에 참여하라. 음식이 기회다. 그런 자리에 음식이 빠지는 경우는 없다. 그리고 주위에서 벌어지는 일을 성경의 시각으로 재해석할 기회를 찾으라. 사도행전 14장에서 바울은 루스드라 사람들에게 연설을 한다. 바울이 지체장애를 가진 사람을 고치자 그곳 사람들은 바울과 바나바를 신으로 섬기려 했는데, 먼저 바울은 그들에게 우상숭배에서 돌아서라고 촉구했다. 그리고 하나님이 "자기를 증언하지 아니하신 것이 아니니 곧 여러분에게 하늘로부터 비를 내리시며 결실기를 주시는 선한 일을 하사 음식과 기쁨으로 여러분의 마음에 만족하게 하셨"(행 14:17)다고 말했다. 이런 논증으로 펼쳐지는 복음 전도 메시지를 얼마나 들어 봤는가? "[하나님이] 먹을거리를 주셔서, 여러분의 마음을 기쁨으로 가득 채워 주셨다"(새번역). 그러니 "헛된 것"(15절)을 섬기는 대신 하나님께 감사를 드리자. 우리는 파티로 복음 전도에 임해야 한다.

당신이 사는 동네에서는 그리스도인들의 평판이 어떤지 모르겠지만, 우리는 최고로 멋진 파티를 연다는 말을 들어야 한다. 파티를 열 구실은 많다.

- 개인적인 일: 생일, 기념일, 구직, 시험, 집들이
- 스포츠 행사: 슈퍼볼, 월드시리즈, 월드컵
- 절기별 행사: 독립기념일, 추수감사절, 크리스마스, 설날
- 문화행사: 멕시코 음식을 맛보는 날, "아메리칸 아이돌" 결승

매주 파티를 열 이유는 충분하고도 남는다.

물론 파티만으로는 충분하지 않다. 파티는 복음을 나눌 절호의 기회를 만들지만, 사람들을 향한 열정과 예수님을 향한 열정도 필요하다. 설교를 조금이라도 해야 한다는 부담은 버리라. 그저 사람들에게 주의를 기울이면서 자연스럽게 자신의 신앙을 공개하라.

환대를 막는 여러 가지 핑계

성경은 하나님의 백성에게 환대를 베풀라고 분명히 말씀하시는데, 우리는 무엇 때문에 그 일을 못할까?

너무 부담스럽다

사람들을 집에 초대한다는 것은 자신을 보여 주는 일이다. 사람들이 나의 요리 솜씨, 청소 상태, 인테리어, 자녀 양육 상태를 어떻게 평가할까? 성경은 다른 사람들의 인정을 갈망하거나 비판을 두려워하는 것을 "사람을 두려워함"이라 부른다. 이에 대한 성경의 해독제는 "여호와를 경외함"이다. 은혜 가운데 우리에게 미소를 지으시는 하나님의 의견을 가장 중요하게 여길 때, 우리는 사람들의 평가에 연연하지 않고 사랑으로 이웃을 섬길 수 있다.[24]

한 번 청소하는 것으로 준비는 충분하다. 감탄을 자아내는 것이 목표라면 집이 깨끗해야 한다는 강박감을 느낄 것이다. 하지만 사랑이 목표가 되면 강박감은 설 자리가 없을 것이다. 사랑의 행위로 청소를 할 수도 있고, 사랑의 원리에 따라 아이들과 보내는 한 시간이 청소보다 중요하다는 결론을 내릴 수도 있다. 나는 너무 더러운 집에 가도 불편하고 너무 깨끗한 집에 가도 불편하다. 너무 깨끗한 집은 모델 하우스처럼 완벽한 상태를 내가 망가뜨릴까 봐 걱정이 된다. 중간쯤 되는 상태가 편안할 것 같다.

공들인 저녁 만찬은 공연으로 쉽게 변질될 수 있다. 손님들과 친해질 것 같지만 실제로는 형식에 너무 매여 손님과의 거리가 줄어들지 않는다. 접대의 목적은 깊은 인상을 심어 주는 것이지만, 참된 환대의 목적은 다른 사람을 섬기는 것, 그 자체다. 육체노동 종사자들이 손님 대접을 안 한다는 말을 종종 듣는다. 그 말의 진짜 의미는 그들이 공식적인 저녁 만찬을 열지 않는다는 뜻이다. 전문직 종사자들은 다음 주 식사에 손님을 초대하지만 육체노동 종사자들은 말이 나왔을 때 바로 초대한다. 누군가가 잠시 그의 집에 들르면 저녁 식사 시간까지 머무르게 될 가능성이 높다. 우리는 이웃의 리듬에 맞춰야 한다.

음식을 함께 먹기 위해 반드시 집으로 초대해야 하는 것은 아니다. 예수님은 대부분의 경우 집주인이 아니라 손님으로 사람들과 함께하셨다. 형편상 집으로 초대하는 것이 어렵다면 다른 방법을 찾으면 된다. 친구를 불러내 커피 한 잔을 사는 것도 좋은 방법이다.

때로 나는 방문자들에게 아내가 좀 쉬어야 하니 이제 모임을 마무리하자고 말한다. 자신을 입증하기 위해 사역을 한다면 거절의 말이 입 밖으로 잘 나오지 않을 것이다. 그러나 우리는 자신을 입증할 필요가 없다. 우리는 그리스도의 완성된 공로로 의롭게 된다. 입증하는 일은 그분이 다 하셨으니, 우리는 자유롭게 섬기는 것으로 족하다. 자신을 입증하거나 다른 사람에게 좋은 인상을 주고 싶은 마음에 휘둘리면 손님 대접은 그야말로 부담스러운 일이 된다.

또 하나 기억할 점. 우리는 은혜의 증인이지 선행이나 탁월한 요리 솜씨의 증인이 아니다. 짐 피터슨은 4년간 함께 성경을 공부한 후에 그리스도인이 된 친구 마리오의 이야기를 들려준다. 성경 공부를 진행하면서, 유명한 서구 철학자들의 글을 섭렵한 마르크스주의 지성인 마리오의 면모가 잘 드러났다. 마리오가 회심한 지 2년이 지난 어느 날, 그는 짐과 함께 지난 일을 회상했다. "무엇 때문에 내가 그리스도인이 되기로 마음먹었는지 아세요?" 그들이 함께 했던 수많은 성경공부와 철학적 토론을 떠올렸던 피터슨은 마리오의 답변을 듣고 깜짝 놀랐다. "내가 선생님 집을 처음 방문했던 때를 기억하세요? 우리는 그날 같이 어딘가로 가는 길이었고 선생님 가족과 함께 수프 한 그릇을 먹었어요. 나는 그 자리에 앉아서 선생님과 사모님과 자녀분들이 서로를 어떻게 대하는지 지켜보았어요. 그 모습을 보며 이런 생각을 했지요. '나는 약혼녀와 언제쯤 저런 관계를 이룰 수 있을까?' 그런 일은 절대 없을 거라는 사실을 깨닫고 나서 나는 결정했어요. 살아남기 위해서 그리스도인이 되어야겠다고."[25] 피터슨은 그때 일이 기억났다. 그는 아이들이 못되게 굴어 마리오 앞에서 나무랐는데, 그 일이 속상했었다. 하지만 마리오는 그날 피터슨의 가족을 한데 묶어 주는 그리스도의 은혜를 보았다. 피터슨은 이렇게 말한다.

우리 가족은 마리오에게 끼친 영향을 인식하지 못했지만, 하나님은 우리가 모르는 사이에 그 일을 하셨다.…우리는 각자의 약점과 모순에 주목하는 경향이 있고, 외부인들이 가까이 다가와 우리의 진짜 모습을 본다고 생각하면 위축된다. 그러나 자신에 대한 우리의 부정적인 평가가 정확하다 해도, 하나님과 동행하기를 신실하게 구하는 그리스도인이라면 그리스도의 모습을 어느 정도 반영하는 것 같다.[26]

비용이 너무 많이 든다

음식에는 돈이 든다. 환대에는 시간이 든다. 물건이 부서진다. 여러 위험이 따른다. 그러나 밥상은 근사하지 않아도 되고 집은 티 하나 없이 깨끗하지 않아도 된다. (가끔 잔치를 여는 것이 하나님의 아낌없는 관대함을 기념하는 멋진 방법이긴 하다.) 그러나 사람들을 집으로 초대해 가족과 함께 식사하는 일의 힘을 무시하지 말라. 많은 사람들이 형식을 갖춘 저녁 만찬보다 가정의 정신없는 밥상에서 더 편안함을 느낀다. 독신이라면 한 가족을 위해 식사를 준비하는 일이 어려울 수 있다. 많은 양의 음식 준비에 익숙하지 않을 수도 있다. 집이 크지 않거나 아이들을 위한 장난감이 전혀 없을 수도 있다. 그렇다면 창의력을 발휘하라. 한 가족을 초대해 식사 대신 케이크를 먹을 수도 있고, 함께 소풍을 나갈 수도 있다.

무엇보다 메시아 잔치의 비용으로 쏟으신 예수님의 피를 기억하라. 십자가는 우리의 원동력이자 모델이다.[27]

너무 바쁘다

환대를 베풀고 싶은 마음은 굴뚝 같지만, 시간이 없다고? 당신의 삶은 이미 뭔가로 꽉 차 있다. 어쩌다가 저녁 시간이 비어도 소파에 축 늘어진 몸을 일으킬 수가 없다.

바쁜 사람들이 환대를 베풀려면 계획이 필요하다. 한 주에 하루나 이틀, 저녁 시간을 비우거나 토요일 아침마다 사람들을 초대하면 어떨까? 어쩌면 교회 프로그램을 줄여야 할지도 모른다. '교회를 꾸리느라' 너무 바쁜 나머지 '교회다운 모습'에 충실할 시간, 더 나아가 불신자들과 삶을 나눌 시간이 없다면 말이다.

손님이 돕겠다고 하면 도움을 받아들이라. 사랑을 하자는 것이지 일 잘한다는 칭찬을 받으려는 게 아니니까. 예수님은 대체로 대접을 하시는 경우보다 대접을 받으시는 경우가 많았다. 다른 사람의 섬김을 받으면 평등하고 친밀한 관계가 만들어진다. 게다가 설거지가 다음날 아침까지 쌓여 있지 않아도 된다는 이점도 있다.

무엇보다 자신의 마음을 살피라. 하나님이 세상을 운행하시면서 하루를 스물다섯 시간이 아니라 스물네 시간으로 만드신 것은 실수가 아니었다. 하나님은 우리가 24시간 동안 그분을 섬기고 그분께 영광을 돌리기를 바라시지, 25시간 일을 하기를 바라지 않으신다. 삶이 지나치게 분주하다면 그 책임은 자신에게 있다. 우리가 너무 바쁜 이유는 하나님이 원하시는 것보다 더 많이 하려고 애쓰기 때문이다.

- 우리가 너무 바쁜 이유는 삶을 꽉 틀어쥐지 않으면 불안해지기 때문이다. 그러나 주권자이신 하늘의 아버지께서 우리를 보살피신다.
- 우리가 너무 바쁜 이유는 다른 사람들을 두려워하여 거절을 못하기 때문이다. 그러나 하나님은 영광스러운 분이시고 그분의 의견이 가장 중요하다.
- 우리가 너무 바쁜 이유는 만족을 찾기 위한 절박한 시도로 온갖 활동을 섭렵하기 때문이다. 그러나 하나님은 선하시며 기쁨의 참 근원이시다.
- 우리가 너무 바쁜 이유는 일이나 사역을 통해 자신을 입증하려 하기 때문이다. 그러나 하나님은 은혜로우시며 그리스도의 완성된 공로로 우리를 거저 의롭다고 해주신다.

마음의 문제를 해결하고 하나님의 크심, 영광, 선하심, 은혜 안에서 안식을 찾아야 한다. 그러기 전까지는 사람들에게 낼 시간이 결코 나지 않을 것이다.[28]

* * *

워싱턴 주에 소마 교회(Soma Communities)를 설립한 내 친구 제프 밴더스텔트(Jeff Vanderstelt)는 아내 제인과 함께 이웃에게 어떻게 다가갔는지 소개했다.

지금 살고 있는 동네에 처음 이사 와 자리를 잡고 나서 우리는 음식과 음료를 준비하여 친구들과 이웃 사람들을 초대했다. 우리는 아주 의도적으로 그들의 면면에 대해 묻고, 동네에서 얼마나 살았는지, 어떻게 살고 있는지 두루 물었다. 질문을 하고 나서는 늘 하나님께 받은 것을 그들과 함께 나눌 기회를 찾으며 대답에 귀를 기울였다.

결국, 소마는 매달 첫 번째 주일에 교회 대신 각자의 동네에서 '흩어진 모임'을 하기 시작했다. 교인들에게 환대에 대해 훈련시키고, 주일 오전에 브런치를 준비하여 동네 사람들을 집으로 초대하라고 격려했다. 교인들이 주최자가 되어 몇 가지 주요리(값싼 도넛 정도가 아니라)를 준비했는데, 놀랍게도 동네 사람들 다수가 참석했다(대부분은 교회의 일원이 아니었다). 다시 한 번, 우리는 질문을 했고 귀 기울여 들었고 이웃들을 더 잘 알게 되었다. 우리는 동네뿐 아니라 동네 사람들의 사연도 알고 싶었다. 그래서 손님을 대접하고 섬기고 그들의 필요에 맞는 일들을 구상했다. 이웃들에게 하나님의 은혜를 보여 줄 기회를 끊임없이 찾았다.

우리는 이런 활동을 정기적으로 해야 한다는 것을 깨닫고 봄과 여름에 매주 토요일 저녁마다 바비큐파티를 열었다. 핵심은 정기적으로 하는 데 있었다. (1년에 한두 번 파티를 여는 것으로 만족하는 사람이 너무 많다.…그 정도로는 부족하다.…손님 대접에는 일관성이 있어야 한다.) 결국 동네 사람들 모두가 우리와 함께했고 진정한 유대감과 따뜻한 관계가 생겨났다. 시간이 지나자 여기저기에서 파티를 주최하겠다고 나섰고 이웃들은 손님 대접의 책임을 나누기 시작했다.

파티는 동네에서 벌일 만한 좋은 활동이지만 그것만으로는 충분하지 않았다. 이 모임을 통해 이웃 사람들이 아쉽게 여기는 부분과 필요를 알게 된 우리는 의논 끝에 동네에 있는 니키의 집을 함께 보수하기 시작했다. 그녀의 집은 15년 전 남편이 죽은 이후 손을 보지 못해 허물어지고 있었다. 일을 하는 도중에도 우리는 이 모든 섬김의 이유라고 할 수 있는, 복음을 나눌 기회를 열심히 찾았다. 그래서 대개는 섬김의 행사를 마친 후 사람들을 다시 저녁 식사에 초대했고 대화는 이어졌다.

우리 집은 행사를 하거나 쉴 만한 곳, 대화를 나누거나 어려움을 털어놓거나 기도를 받을 수 있는 집으로 알려지게 되었다. 아내와 나는 언제나 문을 열어 놓겠다고 사람들에게 알렸다. 잠깐 들르거나 저녁 식사를 같이 하고 싶다면 언제나 환영이라고 말했다. 이렇게 해서 사람들은 힘든 하루를 보낸 날이나 직장을 잃은 날 우리 집을 찾았고, 자녀 양육에 대한 조언을 구하고 깨어진 인간관계를 털어놓으며 눈물을 쏟았다. 손님을 받을 수 없는 특별한 이유가 있을 때는 정중하게 양해를 구했지만, 성령께서는 많은 경우 우리 사정을 내려놓게 하셨고 형편이 여의치 않을 때도 이웃을 사랑할 힘을 달라고 기도하게 하셨다.…

우리는 혼란과 어려움 가운데에서도 복음의 능력에 힘입어 사랑으로 손님을 대접하는 일이 이웃 사람들에게 복음을 전하는 더없이 강력한 방편임을 알게 되었다.[29]

5

밥상은

구원이 구현되는

자리다

누가복음 22장

구운 감자, 샐러드, 콩, 참치 샐러드, 빵, 포도주. 열두 명 정도의 사람이 비좁은 밥상 주위로 모여 앉았다. 사람들은 웃으며 그간의 소식을 나누고 음식을 돌린다. 그때 가이가 조용히 해달라고 요청한 뒤 웬디에게 빵과 포도주가 나타내는 모든 은혜에 대해 하나님께 감사 기도를 해달라고 청했다. 그의 말을 들으니 예수님이 최후의 만찬 때 하신 말씀이 떠오른다. 기도 후에 매트는 빵을 받아 레이첼에게 건넨다. 대화와 웃음이 다시 시작된다. 식사도 이어진다. 빵과 포도주는 격려의 말이나 짧은 기도와 함께 조용히 다른 사람에게로 건네진다. 부엌에서는 스티브가 벌써 설거지를 시작했다. 아이들은 진작 잠자리로 보냈고 식사는 끝났다. 커피와 푸딩(빠지지 않는 간식)이 나왔고 이제 하나님의 말씀을 볼 시간이다.

이 장면에 특별한 것이 있는가? 어떤 의미에서는 없다. 매일 전 세계에서 수천수만 번 되풀이되는 식사다. 하지만 이 식사에는 모든 중요한 것이 다 담겨 있다. 성경 이야기가 실제로 펼쳐지고 있다. 하나님의 새 세상을 엿볼 수 있다. 피터 라이트하르트는 이렇게 말한다. "최후의 만찬은 세상의 축소판이다. 이 만찬에는 우주적인 중요성이 있다. 그 안에는 모든 창조세계와 모든 역사의 의미를 이해하는 데 필요한 실마리가 있다. 하나님의 본성과 인간의 본질, 세상의 신비인 그리스도를 이해하게 하는 실마리가 있다.…밥상은 한복판에 놓여 있지만 그 영향력은 사방 땅 끝까지 퍼져 나간다."[1]

당신의 교회가 성찬을 중단한다면, 그것은 당신의 삶에 어떤 영향을 미칠까?

누가복음 22:7-20

유월절 양을 잡을 무교절날이 이른지라. 예수께서 베드로와 요한을 보내시며 이르시되 "가서 우리를 위하여 유월절을 준비하여 우리로 먹게 하라." 여짜오되 "어디서 준비하기를 원하시나이까?" 이르시되 "보라 너희가 성내로 들어가면 물 한 동이를 가지고 가는 사람을 만나리니 그가 들어가는 집으로 따라 들어가서 그 집 주인에게 이르되 '선생님이 네게 하는 말씀이 내가 내 제자들과 함께 유월절을 먹을 객실이 어디 있느냐?' 하시더라" 하라. 그리하면 그가 자리를 마련한 큰 다락방을 보이리니 '거기서 준비하라' 하시니 그들이 나가 그 하신 말씀대로 만나 유월절을 준비하니라.

> 때가 이르매 예수께서 사도들과 함께 앉으사 이르시되 "내가 고난을 받기 전에 너희와 함께 이 유월절 먹기를 원하고 원하였노라. 내가 너희에게 이르노니 이 유월절이 하나님의 나라에서 이루기까지 다시 먹지 아니하리라" 하시고 이에 잔을 받으사 감사 기도 하시고 이르시되 "이것을 갖다가 너희끼리 나누라. 내가 너희에게 이르노니 내가 이제부터 하나님의 나라가 임할 때까지 포도나무에서 난 것을 다시 마시지 아니하리라" 하시고 또 떡을 가져 감사 기도 하시고 떼어 그들에게 주시며 이르시되 "이것은 너희를 위하여 주는 내 몸이라. 너희가 이를 행하여 나를 기념하라" 하시고 저녁 먹은 후에 잔도 그와 같이 하여 이르시되 "이 잔은 내 피로 세우는 새 언약이니 곧 너희를 위하여 붓는 것이라."

누가는 이 식사가 유월절 식사라는 점을 다섯 번이나 말한다(7, 8, 11, 13, 15절). 첫 번째 유월절 식사가 이루어진 날은 하나님이 자기 백성을 이집트의 노예 상태에서 해방시키셨던 출애굽 사건 전날 밤이었다(출 12장). 하나님은 이스라엘 모든 가족에게 흠 없는 어린 양을 죽여 그 피를 문 주위에 바르라고 말씀하셨다. 그 다음 그들은 어린 양을 구워 누룩 없는 빵과 함께 먹었다. 그날 밤 여호와께서는 피 묻은 집들은 넘어가셨다. 그러나 그 외 모든 이집트 가정의 맏이를 죽이셨다. 이 일로 바로는 결국 이스라엘 자손이 떠나는 것을 허락했다.

유월절 어린 양이 하나님의 백성을 노예 상태에서 구해내었고, 그들 대신 죽어 그들을 죽음에서도 구해냈다.

최후의 만찬은 최초의 유월절 식사를 되돌아보고, 이사야 25장에 약속된 메시아의 잔치를 내다본다. 예수님의 말씀을 들어 보자. "이 유월절이 하나님의 나라에서 이루기까지 다시 먹지 아니하리라.…내가 이제부터 하나님의 나라가 임할 때까지 포도나무에서 난 것을 다시 마시지 아니하리라"(눅 22:16, 18). "성만찬은 우리에게 주어진 종말론적 질서의 모델이자 제대로 된 세상의 축소판이다."[2] 다시 말해, 이 공동 식사는 다가올 하나님의 새로운 세상을 미리 맛보는 일이었다.

누가는 주의 만찬을 성경 이야기 전체의 맥락 속에서 볼 수 있도록 해준다. 주의 만찬을 이해하기 위해서는 성경이 제시하는 음식과 식사의 신학을 개괄적으로 살펴보아야 한다.

식사로 구체화된 반역

타락 이전의 음식은 인간이 하나님께 순종하고 신뢰를 표현하는 수단이었다. 사람은 선악을 알게 하는 나무 이외의 모든 나무의 실과를 먹음으로써 하나님께 순종했다. 지금도 우리는 먹는 행위로 하나님에 대한 의존 상태를 인정하고 그분의 선한 통치에 순복한다. 우리는 멋들어지게 다양한 온갖 음식을 하나님이 주신 선물로 감사하며 받는다(3장에서 살펴본 바와 같이).

인간이 타락할 때 음식은 하나님께 불순종하고 불신을 표현하는 수단이 되었다. 하나님이 금지하신 음식을 먹은 것은 하나님 없이 살아가려는 시도였다. 바울은 "하나님을 알되 하나님을 영화롭게도 아니하며 감사하지도 아니하고 오히려 그 생각이 허망하여지며 미련한 마음이 어두워졌다"(롬 1:21)고 말한다. 타락의 결과, 우리는 더 이상 하나님의 말씀대로 살아 그분을 영화롭게 하지도 않고, 우리가 먹는 음식을 하나님이 주신 선물로 받고 감사하지도 않는다.

우리는 몸을 가진 존재이고 죄는 몸에 영향을 끼친다. 아담과 하와는 하나님께 반역하자마자 자신들의 몸을 보고 수치심을 느꼈다. 죄는 우리의 모든 관계를 왜곡시킨다. 음식과 우리의 관계도 예외는 아니다.

하나님의 위대함을 바라보는 대신 음식을 통해 통제력을 얻으려 한다

멕시코인 친구 알레한드로는 미국인들이 이동하면서 먹는 모습을 보고 기겁했다. 우리는 통제력을 유지하는 데 바쁜 나머지 음식을 에너지원으로 취급한다. 그 결과 음식이 선물로서 가지는 의미, 그 '은혜'는 사라져 버리고 에너지원이라는 효용만 남는다. 우리는 음식의 다양성과 놀라운 맛을 무시한다. 하나님이 먹고 쉬고 즐기고 교감을 나누고 감사를 표현하라고 주신 순간들을 당장의 목표 달성에 방해가 된다는 이유로 일정에서 지워 버린다. 자신을 입증하고 하나님 없이 삶을 꾸려가느라 너무 바빠, 발걸음을 멈추고 의존 상태를 표현할 여유가 없다.

원래 음식은 하나님께 의존하는 우리의 모습을 나타내는 데 쓰여야 하는데, 우리는 음식을 통해 하나님으로부터 독립하려는 의지를 표명한다. 거식증에 걸린 내 친구에게 음식은 세상에 대한 통제력을 입증하는 수단이다. 세상은 그녀가 통제할 수 없는 일로 가득한 무시무시한 곳이지만, 입에 무엇을 넣을 것인가는 자신이 결정할 수 있었던 것이다. 그러나 그녀의 말대로, 이런 행동은 금세 먹고 싶어도 먹을 수 없는 통제 불능 상태를 낳았다. 어떤 면에서 거식증은 하나님의 주권을 신뢰하지 않고 자기주권을 행사한 결과 나타난 증상이라고 볼 수 있다.

하나님의 영광을 바라는 대신 음식을 통해 자신이 원하는 이미지를 얻으려 한다

지금도 음식은 에덴동산에서처럼 구원과 신격화의 수단이 될 수 있다. 사탄은 하와에게 금단의 열매를 먹으면 하나님처럼 될 거라고 말했다. 우리는 숭배받고 싶어 한다. 하나님의 영광보다 우리의 영광에 더 관심이 있다. 하나님을 두려워할 줄은 모르면서, 다른 사람들에게 거절당할까 봐 두려워한다. 오직 하나님의 견해만이 중요하건만, 우리는 영광스러운 하나님을 인정하지 않고 다른 사람들의 의견에 휘둘린다. 오늘날 우리는 신 같은 존재, 다른 사람들의 숭배와 섬김을 받을 만한 몸매의 소유자가 되려고 금단의 열매를 따거나 케이크를

거부한다. 모델 케이트 모스는 이런 유명한 말을 남겼다. "스키니의 느낌을 대신할 음식은 없다." 비극적인 아이러니는 아담과 하와가 이미 하나님의 형상대로 만들어진 하나님 같은 존재였다는 사실이다. 그러나 우리는 음식을 통해 다른 사람들이 숭배할 만한 모습을 갖추려 한다.

하나님의 선하심을 바라는 대신 음식을 피난처로 삼으려 한다

우리는 하나님을 피난처로 삼지 않고 음식으로 도피할 때가 많다. 음식으로 자가 치료를 한다. 자신에게 초콜릿 제물을 바치는 제사장이 된다. 살아 계신 하나님 대신 설탕, 소금, 지방에서 위로를 구한다. 그러다 건강이 나빠지고 체중은 늘어난다. 이렇게 되면 어떤 사람들은 다이어트, 폭식증, 거식증으로 상황을 관리하려 한다. 하나님 없는 삶은 공허하고, 음식은 그 공허함을 채울 수 없다. 우리는 하나님을 찾을 기회를 놓친다. 그리고 빵만으로 살고 싶어 한다. 그러나 하나님의 위로가 참된 피난처이고 하나님의 선하심에 참된 만족이 있다.

살기 위해 먹는 것(음식을 에너지원으로 여기는 것)도, 먹기 위해 사는 것(음식을 구원의 길로 여기는 것)도 옳지 않다. 하나님의 영광을 위해 먹어야 하고 하나님의 영광을 위해 살아야 한다. 하나님을 우리 삶에서 제거하는 순간, 음식과 우리의 관계는 왜곡된다.

하나님의 은혜를 바라는 대신 음식으로 자신의 존재 가치를 확보하려 한다

음식은 사람들의 지향점을 보여 주기도 한다. 우리는 음식을 통해 원하는 이미지나 생활방식을 표현한다. 유기농산물과 자연식품은 계몽된 사람, 정치의식이 있는 사람이라는 증표가 될 수 있을 것이다. 스테이크와 버거는 남자답다는 느낌을 줄지도 모른다. 할머니가 만들어 주셨던 고기찜과 집에서 구운 애플파이를 내놓을 수 있다면 제대로 된 전통적 미국 엄마라는 보증이 될 것이다. 일류 요리사급 최고급 요리를 만들면 세련되고 우아한 멋쟁이로 인정받을 것이다. 그런가 하면 칼로리 섭취량에 집착하면서 외모로 자신을 입증하고자 음식을 조절하기도 한다. 일하느라 바쁜 나머지 따로 음식을 준비할 시간이 거의 없는 사람도 있다. 그리스도 안에서 정체성을 발견하기보다는 음식을 이용하거나 오용하여 존재 가치를 형성한다. 은혜로 자신의 정체성을 받아들이는 대신 음식을 통해 존재 가치를 만든다.

살빼기 프로그램은 일종의 점수제 종교가 될 수 있다. 다른 사람들의 용납을 받을 때 구원이 이루어진다. 아름다운 몸매가 구원의 수단이 된다. 음식에 등급이 매겨지고 구원을 향한 진전은 채점이 가능하다. 저울에 올라설 때 삶을 평가받는다. 체중 감소는 의로움, 체중 증가는 범죄다. 저울에 달아 보니 부족함이 보였다.

아담과 하와는 선악을 알게 하는 나무의 열매를 먹었을 때 제일 먼저 수치심을 느꼈다(창 3:7). 오늘날에도 마찬가지다. 음식을 통해

자기 구원을 꾀하면 수치를 당하게 된다. 몸에 대한 이미지에 문제가 생긴다. 내 친구 조니 우드로(Jonny Woodrow)의 말을 들어 보라. "하와는 내키는 대로 먹으면 입을 게 없어진다는 사실을 처음으로 알게 된 여성이다." 파티는 음식과 우정을 축하하는 멋진 자리가 될 수 있으나, 어떤 사람에게는 유혹거리가 가득하고 두려움만 불러일으키는 자리다. 거식증에 걸린 친구는 식사가 제공되는 사교 모임을 피하거나 식사시간이 끝난 후에 도착한다. 그녀는 사람들이 있는 자리에서 먹는 일이 두렵다. 사람들과 함께 있을 것 자체를 두려워하는 이들도 있다. 그들은 사람들이 나를 받아들여 줄까, 재치 있고 매력적이고 지적인 모습으로 보일 수 있을까에 대해 염려한다.

식사로 구체화된 약속

하나님이 아브라함에게 주신 약속은 깨어진 세상을 구원하는 이야기의 출발점이다. 그것은 하나님을 아는 한 민족을 축복의 땅에 거하게 하겠다는 약속이었다. 아브라함의 가족은 이스라엘 민족이 되었고, 이스라엘 역사의 절정은 이집트의 노예 상태에서 벗어나는 '출애굽'이다.

유월절 식사는 바로 이 사건을 구현한다. 이스라엘 민족은 매년 유월절 식사를 통해 하나님의 구원을 기념하고 재연할 터였다. 유월절은 이스라엘이 어떤 민족인지 규정하는 절기이자 그들의 신학 교육 시간이다. 매년 유월절이면 아이들은 부모에게 그날의 의미를 물었고 부모는 그 이야기를 다시 들려주었다. 이날의 식사를 통해 그들은 하나님이 어떤 분인지, 그들은 어떤 민족인지 이해했다. 이것은 밥상에서 펼쳐지는 신학 수업이다.

하나님은 한 번의 식사로 요약되는 사건을 통해 이스라엘 백성을 구출하셨고, 그들은 이 식사를 **위해** 구출받았다. 이스라엘이 시내 산에 이르렀을 때, 장로 칠십 명은 산에 올라가 "하나님을 뵙고 먹고 마셨다"(출 24:11). 그들은 하나님 앞에서 식사를 했다. 유월절은 식사로 구현된 구원, 하나님과 함께 식사하고자 이루어진 구원을 나타낸다. 하나님이 자기 백성에게 약속하시는 땅은 "젖과 꿀이 흐르는 땅"(출 3:8)이고, 그곳에서 "네가 먹어서 배부르고 네 하나님 여호와께서 옥토를 네게 주셨음으로 말미암아 그를 찬송할"(신 8:10) 것이다.

그러나 산으로 올라가 하나님과 함께 먹은 것은 지도자들뿐이다. 백성들은 하나님의 임재 앞에 두려워 떨었다. 하나님은 위험한 분이다. 그렇기 때문에 그분과 함께 먹으려면 먼저 죄와 심판의 문제를 처리해야 한다.

이스라엘은 새 출발, 새 인류를 나타낸다. 그러나 그들도 나름의 시험을 받았다.

네 하나님 여호와께서 이 사십 년 동안에 네게 광야 길을 걷게 하신 것을 기억하라. 이는 너를 낮추시며 너를 시험하사 네 마음이 어떠한지 그 명령을 지키는지 지키지 않는지 알려 하심이라. 너를 낮추시며 너를 주리게 하시며 또 너도 알지 못하며 네 조상들도 알지 못하던 만나를 네게 먹이신 것은 사람이 떡으로만 사는 것이 아니요 여호와의 입에서 나오는 모든 말씀으로 사는 줄을 네가 알게 하려 하심이니라. (신 8:2-3)

사람은 떡으로만 사는 것이 아니고 떡을 위해 사는 것도 아니다. 이스라엘은 이것을 너무 늦게 배웠다. 그들은 떡이나 물이나 고기가 충분하지 않을까 봐 염려하면서 하나님을 거듭 원망했다(출 16-17장; 민 11장). 그들은 "하나님을 대적하여 말하기를 '하나님이 광야에서 식탁을 베푸실 수 있으랴?'"(시 78:19) 하였다. 그들은 하나님을 의지하지 않았고 그분이 그들을 젖과 꿀이 흐르는 땅으로 인도하실 것을 믿지도 않았다(민 13-14장). 그래서 결국 이집트에서 나온 세대 전체가 광야에서 죽었다. 그들이 광야를 헤맬 때도 하나님은 만나를 공급하셨다. 만나는 약속의 땅에서 받을 복을 미리 보여 주는 음식, 하늘에서 내려온 꿀맛 나는 떡이었다. 이스라엘의 새로운 세대는 여호수아를 따라 마침내 그 땅으로 들어갔고 가장 먼저 잔치를 베풀었다.

이스라엘이 시내 산에서 받은 안식의 율법으로 인해 먹는 것은 하나님을 의지해야 가능한 일이 되었다. 안식일은 일하지 않는 날이고, 안식년에는 땅을 그냥 놀려야 했다. 이렇게 일주일에 한 번씩 일을 쉬고 7년에 한 해씩 땅을 놀리다가 식량 생산에 차질이 생기면 어떻게 할까? 그들이 믿을 수 있는 거라고는 하나님의 신실하심뿐이었다. 내가 먹을 것을 내 손으로 마련한다는 생각은 있을 수 없었다. 7년 중 1년은 하나님을 신뢰하는 것 외에 아무 일도 하지 않았으니까. 안식의 규례로 인해 먹는 일이 믿음의 행위가 되었다. 사람은 떡으로만 사는 것이 아니다.

> **신명기 14:22-29**
>
> 너는 마땅히 매년 토지 소산의 십일조를 드릴 것이며 네 하나님 여호와 앞 곧 여호와께서 그의 이름을 두시려고 택하신 곳에서 네 곡식과 포도주와 기름의 십일조를 먹으며 또 네 소와 양의 처음 난 것을 먹고 네 하나님 여호와 경외하기를 항상 배울 것이니라. 그러나 네 하나님 여호와께서 자기의 이름을 두시려고 택하신 곳이 네게서 너무 멀고 행로가 어려워서 네 하나님 여호와께서 그 풍부히 주신 것을 가지고 갈 수 없거든, 그것을 돈으로 바꾸어 그 돈을 싸 가지고 네 하나님 여호와께서 택하신 곳으로 가서 네 마음에 원하는 모든 것을 그 돈으로 사되 소나 양이나 포도주나 독주 등 네 마음에 원하는 모든 것을 구하고 거기 네 하나님 여호와 앞에서 너와 네 권속이 함께 먹고 즐거워할 것이며 네 성읍에 거주하는 레위인은 너희 중에 분깃이나 기업이 없는 자이니 또한 저 버리지 말지니라.
>
> 매 삼 년 끝에 그 해 소산의 십분의 일을 다 내어 네 성읍에 저

> 축하여 너희 중에 분깃이나 기업이 없는 레위인과 네 성중에 거류하는 객과 및 고아와 과부들이 와서 먹고 배부르게 하라. 그리하면 네 하나님 여호와께서 네 손으로 하는 범사에 네게 복을 주시리라.

잔치는 구약 신앙의 핵심적인 부분이었다. 매년 하나님의 백성은 농작물의 십분의 일을 잔치에 써야 했다. 그 규모를 상상해 보라. 매우 큰 잔치였고 잔치 메뉴는 "네 마음에 원하는 모든 것"(26절)이었다. 하나님 앞에서 먹는 식사였다. 이것이 구원이다. 이 일을 3년마다 지역에서("네 성읍에"서) 벌여야 했는데, 이주자, 가난한 사람, 취약계층 사람들이 초대되었다. 하나님의 백성은 주변인을 포함한 모든 사람을 잔치에 부르는 공동체가 되어야 한다.

열왕기상 4장은 이스라엘 역사의 정점인 솔로몬 통치 기간을 묘사한다. 바닷가의 모래알처럼 많은 민족이 되게 하시겠다는 약속이 이루어졌다(20절). 사면이 평화로운 땅을 주시겠다는 약속이 이루어졌고 모든 사람이 자기 무화과나무 아래서 평안하게 부족함 없이 살았다(24-25절). 뭇 민족에게 복이 되리라는 약속은 지상의 왕들이 솔로몬의 지혜를 배우려고 사절을 보내는 것으로 이루어졌다(29-34절). 그리고 이런 성취의 중심에 음식이 놓여 있다. 성경에는 솔로몬의 하루 양식이 놀랄 만큼 자세히 적혀 있다(7-19, 22-28절). 그러나 왕만 잘 먹는 것이 아니었다. "유다와 이스라엘의 인구가 바닷가의 모래같이 많게 되매 먹고 마시며 즐거워하였다"(20절).

그러나 이후 내리막길이 시작되어 줄곧 이어진다. 솔로몬은 이방 여자들과 결혼하고, 그들에게 이끌려 이방 신들을 섬긴다. 후대 왕들 역시 같은 길을 걷는다. 나라는 둘로 나뉘고 북왕국은 결국 앗수르로 끌려간다. 다윗 계보의 왕들이 다스린 남왕국은 간신히 명맥을 이어 가다 마침내 바벨론으로 끌려간다.

선지자들은 이 심판을 미리 경고했는데, 주로 음식과 관련된 표현으로 이루어졌다. 음식은 생활과 떼어서 생각할 수 없고, 심판이 임하면 식단이 달라진다. 최초의 심판 선언에서 하나님은 뱀에게 흙을 먹게 될 거라고 말씀하셨다(창 3:14). 금송아지를 섬겼던 이스라엘 자손은 모세가 그것을 가루로 내어 물에 탄 것을 주자 받아 마셔야 했다(출 32:20).

선지자들은 심판 후의 회복에 대해서도 말했다. 아브라함과 다윗에게 주신 약속은 여전히 유효했고, 구원 역시 식사의 용어로 기술되었다. 땅의 회복은 음식의 회복으로 나타날 것이었다.

구원과 심판의 메시지를 전하면서 음식을 가장 잘 활용한 선지자는 요엘이다. 요엘 1장에서 그는 침략해 오는 메뚜기 군대를 묘사한다. 이들이 군대 같은 메뚜기 떼인지, 메뚜기 떼 같은 군대인지는 분명하지 않다. 그러나 그로 인해 하나님 백성의 식단이 달라진다는 사실만은 분명하다. 요엘은 "포도주를 마시는 자들"에게 울라고 말한다. "단 포도주가 너희 입에서 끊어졌"(5절)기 때문이다. 이스라엘의 샬롬 또는 평화를 말하는 전통적인 이미지는 모두가 각자의 무화과나무 아래 있는 것인데, 이때의 무화과나무는 말갛게 벗겨졌다(7절). 식량 부족 상태가 극에 달했다. "밭이 황무하고 토지가 마르니 곡식이 떨어지며 새 포도주가 말랐고 기름이 다하였다"(10절). 1:1-20까지의 말씀 중 적어도 열다섯 절이 음식에 관한 이야기를 한다. 심판은 음식이 없는 상태다. 그 결과 "사람들에게서 기쁨이 말라 버렸다"(12절, 우리말성경). 음식은 기쁨이다. 한편 기근은 심판이다.

하나님의 백성이 누리는 복은 빵과 포도주를 먹을 수 있는 것뿐 아니라 하나님과 더불어 먹고 마실 수 있는 것이다. 그러나 이제 제사장들이 울어야 한다. "하나님의 성전에 바칠 곡식 제물과 부어 드릴 제물이 떨어졌"(욜 1:13, 새번역)기 때문이다. "먹을 것이 우리 눈 앞에 끊어지지 아니하였느냐? 기쁨과 즐거움이 우리 하나님의 성전에서 끊어지지 아니하였느냐?"(16절).

요엘 1장이 지나간 사건들을 묘사했다면, 2장은 다가올 날, 여호와의 날에 대해 말한다. 또 다른 메뚜기 군대가 오고 있다. 피할 수도 없고 이길 수도 없고 전례도 없던 군대. "이와 같은 것이 옛날에도 없었고 이후에도 대대에 없으리로다"(2:2). 이스라엘 역사를 보면, 하나님은 침략 군대(사람의 군대이건 메뚜기의 군대이건)를 사용해 그분의 백성을 심판하신다. 그러나 이제 하나님이 친히 찾아오셔서 인류를 심판하실 날이 다가온다. "예전의 땅은 에덴동산 같았으나 그들의 나중의 땅은 황폐한 들 같으니 그것을 피한 자가 없도다"(3절). 하나님의 심판으로 에덴은 엉망이 된다. 먹을 것이 많고 온갖 것이 풍부하던 동산이 광야로 변한다.

하나님은 다가오는 이 큰 심판을 염두에 두고 그분의 백성에게 회개하라고, "돌아오라"(욜 2:12-13)고 말씀하신다. 여기서의 회개는 음식과 관련된 용어로 풀이된다. "잔치를 벌이는 대신 금식하라"(2:15; 1:14).

우리의 소망은 하나님의 성품에 있다. 특히, 이스라엘 자손이 금송아지 앞에서 잔치를 벌이는 원형적인 죄를 지은 후 하나님이 모세에게 알려 주신 그분의 이름에 담겨 있다(출 32:5-6; 34:5-7). "너희 하나님 여호와께로 돌아올지어다. 그는 은혜로우시며 자비로우시며 노하기를 더디하시며 인애가 크시사 뜻을 돌이켜 재앙을 내리지 아니하시나니"(욜 2:13).

소망의 기초가 하나님의 자비라면, 소망의 내용은 그분과 함께 먹는 것이다. 요엘 2:14은 이렇게 말한다. "주께서 혹시 마음과 뜻을 돌이키시고 그 뒤에 복을 내리사 너희 하나님 여호와께 소제와 전제를 드리게 하지 아니하실는지 누가 알겠느냐?" 요엘 2:3에서 하나님이 심판을 내리시자 동산이 광야가 되었지만, 2:14에서 복을 주시자 곡식과 포도주가 남아 하나님의 백성이 다시 제물을 바치고 그분과 교제하게 된다. 이 소망은 요엘 2:14-27에 자세히 나와 있는데, 전부 먹는 일과 수치를 없애는 일로 구성되어 있다.

여호와께서 그들에게 응답하여 이르시기를

"내가 너희에게

    곡식과 새 포도주와 기름을 주리니

    너희가 이로 말미암아 흡족하리라.

내가 다시는 너희가 나라들 가운데서

    욕을 당하지 않게 할 것이며…

나무가 열매를 맺으며

    무화과나무와 포도나무가 다 힘을 내는도다.…

마당에는 밀이 가득하고

    독에는 새 포도주와 기름이 넘치리로다.…

너희는 먹되 풍족히 먹고

    너희에게 놀라운 일을 행하신

    너희 하나님 여호와의 이름을 찬송할 것이라."(욜 2:19, 22, 24, 26; 참고. 렘 31:11-14)

하나님의 은혜는 풍부한 음식으로 표현된다. 구원은 잔치다.

요엘 3장에는 "그날에" 하나님이 모든 민족을 심판의 골짜기에 모으시는 장면이 등장한다. 하나님의 백성은 칼을 쳐서 보습을 만들고 창을 쳐서 낫을 만들어 먹을 것을 수확할 준비를 하지만(사 2:4), 다른 민족들은 정반대로 보습을 쳐서 칼을 만들고 낫을 쳐서 창을 만들어 하나님의 용사들을 상대할 준비를 해야 한다(욜 3:10). 하나님의 백성은 풍성한 수확으로 구원을 받지만(2:19), 다른 민족들은 수확의 대상이 되어 심판을 받는다(욜 3:13; 계 14:14-20). "그러나 여호와께서는 그분의 백성들에게는 피난처시요, 이스라엘 자손들에게는 요새가 되실 것이다"(3:16, 우리말성경). 그분은 파괴하러 오시지만 우리 대신 죽으신 예수님을 통해 하나님의 진격을 피할 피난처를 제공하시는 은혜로운 왕이시다(시 2:12). "그날이 오면 산들은 달콤한 포도주로 가득 찰 것이고 언덕들에는 젖이 흐를 것이다. 유다의 모든 강줄기에 물이 흐[를 것이다]"(욜 3:18, 우리말성경). 하나님과 함께 성대한 잔치를 벌이는 것, 이것이 구원이다.

식사로 구체화된 구원

성경 이야기의 핵심이자 전환점이라고 할 수 있는 부분에 또 다른 식사가 있다. 최후의 만찬이다. 우리에겐 '주의 만찬'이 되는 최후의 만찬은 성경 이야기의 중심 사건인 예수님의 십자가를 기념한다. 최후의 만찬은 유월절을 돌아보는 동시에 저 앞에 놓인 메시아의 잔치를 기대하고, 하루 뒤에 있을 십자가 사건도 바라본다.

> 또 떡을 가져 감사 기도 하시고 떼어 그들에게 주시며 이르시되 "이것은 너희를 위하여 주는 내 몸이라. 너희가 이를 행하여 나를 기념하라" 하시고 저녁 먹은 후에 잔도 그와 같이 하여 이르시되 "이 잔은 내 피

로 세우는 새 언약이니 곧 너희를 위하여 붓는 것이라." (눅 22:19-20)

바로 다음날 벌어진 사건들을 생각해 보라. 예수님은 어둠 속에서 죽으셨다. 어둠은 하나님의 심판의 표시였다. 예수님은 우리가 무죄 선고를 받게 하시려고 우리 대신 심판을 받으셨다. 그래서 예수님이 죽으신 순간에 성전의 휘장이 둘로 찢어졌다. 이 휘장은 사람의 손만큼 두꺼웠다. 성전의 심장부이자 하나님의 임재의 상징이던 지성소와 사람들을 갈라놓는 휘장이었다. 이 휘장은 하나님과 인류를 갈라놓았다. 그분의 거룩함이 죄 가운데 있는 우리를 멸할 수 있었기 때문이다. 그러나 예수님이 십자가에서 죽으심으로 죄와 심판이 처리되었고, 휘장은 둘로 찢어졌다. 하나님께 가는 길이 열렸다. 우리는 잔치에 참여하도록 초대를 받았다.

예수님은 메시아 잔치의 주최자시다. 최후의 만찬은 이 사실을 잘 보여 준다. 예수님은 베드로와 요한에게 만찬을 준비하라고 말씀하셨지만 이미 준비를 다 해놓으셨다(눅 22:8-13). 그리고 돌아가시기 전날 밤, 제자들에게 아버지 집에 그들이 거할 처소를 준비하러 간다고 말씀하셨다(요 14:3-4). 예수님이 집의 주인이시고 십자가를 통해 우리가 거할 곳을 준비하신다. 예수님은 유월절 어린양이시다. 그분의 피가 우리 생명에 뿌려졌다. 하나님이 우리를 넘어가셨고 우리는 헛된 삶에서 해방되었다(벧전 1:18-19). 이 모든 일은 우리가 하나님의 산에 올라가 그분과 함께 먹고 마시기 위함이다.

예수님의 죽음과 부활로 새 언약과 새 백성이 시작되었다. 누가복음 4장에서 예수님은 역사적인 시험을 받으신다. 누가는 그 일 바로 직전에 예수님의 족보를 아담까지 거슬러 올라가 예수님을 "아담의 아들"(3:38, 우리말성경)로 묘사했다. 이 새 아담이 어떻게 음식을 통해 하나님과 연관될까? 예수님은 참된 이스라엘 사람이기도 한데, 이 새 이스라엘이 음식을 통해 어떻게 하나님과 연결될까? 사탄은 예수님을 시험하면서 돌을 떡으로 만들어 보라고 부추겼다. 누가는 예수님이 40일 동안 금식한 상태였다고 말했는데, 우리가 그 말의 의미를 놓쳤을까 봐 예수님이 "시장하셨다"(4:2, 새번역)는 말을 덧붙였다. 그 상태에서 예수님은 사탄에게 "기록된 바 '사람이 떡으로만 살 것이 아니라'"(4:4)고 대답하셨다. 예수님은 새 인류이자 새 이스라엘로서 신뢰와 순종으로 하나님과 관계를 맺으셨다.

옛 모세 언약으로 이스라엘이 만들어졌던 것처럼, 예수님의 새로운 공동체는 새 언약으로 세워진다. "이 잔은 내 피로 세우는 새 언약이니 곧 너희를 위하여 붓는 것이라"(눅 22:20). '언약'이라는 단어는 관계를 나타낸다. 그것은 충성과 헌신의 유대를 표현하는 말로 공식적으로 합의된 약속이다. 시내 산에서 하나님은 이스라엘이 그분의 백성이 되면 그분은 이스라엘의 하나님이 되겠다고 약속하셨지만, 이스라엘이 언약을 깨뜨렸다(렘 31:31-32). 새 언약에서 예수님은 하나님과 인류 모두를 대표하신다. 그분은 하나님의 아들이며 하나님 백성의 신실한 대표시다. 그러므로 그리스도의 완벽한 신실함에 기초한 새 언약은 영원하고 확실하다. 그분은 시험에 굴복하지 않으셨다. 그분은 떡만으로 살지 않으셨다. 새 언약은 하나님을 아는 민족뿐 아니라 새로워지는 민족을 약속한다. "그 날 후에 내가 이스라엘 집과 맺을 언약은 이러하니 곧 내가 나의 법을 그들의 속에 두며 그들의 마음에 기록하여 나는 그들의 하나님이 되고 그들은 내 백성이 될 것이라.…내가 그들의 악행을 사하고 다시는 그 죄를 기억하지 아니하리라"(렘 31:33-34; 참고. 히 8장). 하나님은 우리의 구원자가 되기로 친히 약속하시고, 그 아들의 피로 서명하고 계약을 이행하신다.

음식은 축복이지만 저주가 될 수도 있다. 성경에 이미 그 사례가 나와 있으며, 현대인의 과도한 다이어트, 섭식장애, 전 지구적 빈곤과 불의한 무역 가운데에서도 볼 수 있다. 그러나 복음은 더 나은 이야기를 제시한다. 복음 안에서는 먹는 일이 제자리를 찾는다. 음식은 생명의 근원이 아니다. 우리는 빵으로만 살지 않는다. 그러나 음식을 잊거나 무의미하게 여기지도 않는다. 우리는 "여호와의 입에서 나오는 모든 말씀으로"(신 8:3) 살지만, 그 말씀은 식사 안에서 구체화된다. 우리는 성찬을 통해 말씀이 들려주는 이야기 안에 다시 자리를 잡고 삶의 방향을 재정립한다. 우리 문화가 말하는 것들을 전부로 알고 그에 따라 사는 대신, 하나님의 이야기에 참여하는 자로 살아간다. 성찬은 우리의 목표를 가리킨다. 창조와 구원으로 베푸신 하나님의 관대함을 기뻐하며 그분의 임재 안에서 함께 먹는 것, 이것이 우리의 목표다. 우리는 식사할 때마다, 특히 주의 만찬 가운데 이것을 기대한다.

식사 가운데 구체화되는 소망

오순절에 베드로는 요엘 2:28-32을 인용한다(행 2:14-21). 요엘이 약속한 잔치가 시작되었다는 의미다. 마태복음 13장과 마가복음 4장에 등장하는 비유들에 따르면, 하나님 나라가 언젠가 영광과 심판으로 임하겠지만 그전에 복음 메시지의 은혜로운 초청을 통해 은밀하게 찾아올 것이다. 요엘은 마지막 날을 묘사할 때 해가 어둠으로 바뀔 거라고 두 번 말했다(2:31; 3:15). 베드로가 인용한 요엘 2:31을 보면, 인자가 자기 백성을 구원하기 위해 어둠 가운데 십자가에서 죽었다가 다시 살아나 영광스럽게 구름을 타고 하나님 곁으로 올라가신 때에 이것이 성취되었음을 알 수 있다. 하늘에서 인자는 자기 백성에게 그분의 영을 부어 주셨다. 요엘 3장에 묘사된 온 인류를 둘러싼 최후의 싸움은 아직 벌어지지 않았다. 그러나 새 시대의 잔치는 성령의 임재와 더불어 시작되었다. 아직은 산마다 새 포도주가 넘쳐 흐르지 않고, 언덕들에는 젖이 흐르지 않는다(3:18). 아직 새로워지지 않은 땅에서 살아가는 일은 만만치 않을 것이다. 그러나 선지자들이 약속한 잔치는 시작되었다.

이 잔치는 단지 비유에 불과하다고 주장했던 영지주의는 깨달음을 통해 물질계에서 벗어날 수 있다는 메시지로 초대교회를 괴롭혔다. 피터 라이트하르트는 우리가 성찬식 때 먹는 떡은 미래의 새 세상이 "이 세상 관심사의 해제"가 아님을 나타낸다고 주장한다.[3] 새 창조세계는 이 세상이 변화된 세계다. 성찬의 떡을 먹는 것은 새 창조의 시작이자 증표다. 그리고 그것이 그냥 밀이 아니라 요리한 떡이라는 사실에서 그것을 만들기 위한 문화적·사회적·기술적 구조들도 새로워질 것임을 짐작할 수 있다.

서로 다른 하나님의 백성이 그리스도 안에서 연합한 무리로 한데 모여 밥상에 둘러앉는 일, 이것이 바로 약속된 잔치다. 음식을 즐겁게 먹으면서 창조세계의 선함을 축하할 때, 약속된 잔치가 이루어지고 우리는 창조세계의 회복을 기대하게 된다. 하나님의 영에 이끌려 그분의 임재 가운데 함께 식사하는 일, 이것이 약속된 잔치다. 이 모두가 세상을 향해 힘차게 선포한다. 모든 인류가 초대받는 하나님의 잔치가 다가오고 있으며, 하나님이 지금, 그분의 백성과 함께하신다고. 요엘은 예언의 절정에서 이렇게 선언한다. "여호와께서 시온에 거하신다"(3:21).

내가 속한 선교 공동체를 생각한다. 나이와 배경이 다 다른 열두어 명의 사람이 목요일 저녁에 밥상에 둘러앉아 함께 먹는다. 소박한 음식이지만 하나님이 주신 선물로 알고 먹으며, 성령께서 우리 삶에서 이루시는 일을 함께 기뻐하고, 세상의 필요들을 위해 기도하고, 그리스도의 이름으로 동네를 위해 할 수 있는 일을 상의한다. 이사야와 요엘이 약속한 잔치가 이루어지는 자리. 영원한 잔치의 예고편이다. 빵과 포도주를 나누고 곡식 제물과 부어 드리는 제물을 하나님께 바칠 때(죄를 위한 대속물로서가 아니라 그리스도께서 단번에 이루신 대속에 대한 감사로), 약속된 잔치가 벌어진다.

잔치의 시작과 마지막 성취 사이

예수님이 말씀하셨다. "내가 고난을 받기 전에 너희와 함께 이 유월절 먹기를 원하고 원하였노라. 내가 너희에게 이르노니 이 유월절이 하나님의 나라에서 이루기까지 다시 먹지 아니하리라"(눅 22:15-16). 예수님은 그분의 나라로 들어가시기 전에 먼저 고난을 받으셔야 한다. 예수님은 하나님 나라가 온다는 좋은 소식을 선포하셨다. 이것이 좋은 소식인 이유는 하나님 나라가 정의, 평화, 기쁨, 자유, 생명이 다스리는 나라이기 때문이다. 에덴동산에서 사탄은 하나님의 통치가 나쁜 소식이라고 거짓말했고, 그 말에 속은 우리는 하나님이 없으면 자유로울 거라고 생각했으나 결국 노예 신세가 되었다. 그래서 하나님 나라가 온다는 소식은 좋은 소식이다. 그러나 우리는 하나님의 통치를 거역한 반역자들이고, 반역자들에게 하나님의 통치가 도래한다는 것은 곧 심판을 뜻한다. 우리에게는 하나님 나라의 도래가 나쁜 소식이다. 하지만 여기에 놀라운 반전이 있다. 왕께서 그분의 세상에 오실 때, 반역한 인류에게 심판이 임하는 것이 아니라 바로 그 왕이 십자가에서 심판을 받으신다. 예수님은 우리가 받아야 할 심판을 대신 받으셔서 회개하는 반역자들이 하나님 나라의 도래를 좋은 소식으로 경험할 수 있게 하셨다.

예수님 안에는 고난 후의 영광이라는 패턴이 있다. 예수님을 따르는 자들도 동일한 패턴을 따라야 한다. 우리의 고난에는 구속의 능력이 없지만, 우리는 그리스도의 희생적인 사랑과 섬김의 본을 따르도록 부름받았다. 예수님은 말씀하셨다. "아무든지 나를 따라오려거든 자기를 부인하고 날마다 제 십자가를 지고 나를 따를 것이니라"(9:23). 바울은 우리가 "그리스도와 함께한 상속자니 우리가 그와 함께 영광을 받기 위하여 고난도 함께 받아야 할 것"(롬 8:17)이라고 말했다. 또 "우리가 하나님의 나라에 들어가려면 많은 환난을 겪어야 할 것"(행 14:22)이라는 말로 새 교회들을 격려했다.

그러나 제자들은 이 사실을 이해하지 못했다. 그들은 최후의 만찬에서 누가 가장 큰지를 놓고 말다툼을 벌였다.

누가복음 22:24-30

그들 사이에 그 중 누가 크냐 하는 다툼이 난지라. 예수께서 이르시되 "이방인의 임금들은 그들을 주관하며 그 집권자들은 은인이라 칭함을 받으나 너희는 그렇지 않을지니 너희 중에 큰 자는 젊은 자와 같고 다스리는 자는 섬기는 자와 같을지니라. 앉아서 먹는 자가 크냐, 섬기는 자가 크냐? 앉아서 먹는 자가 아니냐? 그러나 나는 섬기는 자로 너희 중에 있노라.

너희는 나의 모든 시험 중에 항상 나와 함께한 자들인즉 내 아

> 버지께서 나라를 내게 맡기신 것같이 나도 너희에게 맡겨 너희로 내 나라에 있어 내 상에서 먹고 마시며 또는 보좌에 앉아 이스라엘 열두 지파를 다스리게 하려 하노라."

제자들은 아마도 누가복음 14장의 바리새인들처럼 밥상에서 더 명예로운 자리를 노렸을 것이다. 그들은 섬김 없는 명예를 원했다. 고난 없는 영광을 원했다. 그러나 예수님은 그들을 십자가의 길, 겸손과 사랑의 길로 부르신다. 그리고 더 나아가 이런 놀라운 약속을 주신다. '나와 함께 고난을 견디면 내 영원한 잔치의 영광을 체험할 것이다.' 그들은 고난 없는 영광을 원했지만, 예수님은 고난 이후에 나타날 영광을 약속하셨다. 십자가의 길을 따를 때 부활의 영광을 경험하게 될 것이다.

예수님이 말씀하셨다. "내가 고난을 받기 전에 너희와 함께 이 유월절 먹기를 원하고 원하였노라. 내가 너희에게 이르노니 이 유월절이 하나님의 나라에서 이루기까지 다시 먹지 아니하리라"(눅 22:15-16). 예수님은 유월절 식사를 간절히 원하셨다. 친구들과 함께 식사하기를 간절히 바라셨다. 왜? 친구들과 함께 하는 이 식사에서 그분의 나라를 미리 맛볼 수 있기 때문이다. 예수님이 왜 고난을 받으셔야 하는가? 그래야 그분의 백성이 산으로 가서 하나님과 함께 먹을 수 있기 때문이다. 예수님은 최후의 만찬을 드시면서 자신의 구원 사역의 목표를 확인하셨을 것이다. 그토록 무겁게 마음을 짓누르는 고난이 진정 가치 있는 것임을 다시 한 번 인식하셨을 것이다. 그분의 백성과 밥상에 둘러앉아 교제를 나누는 것. 그분의 고난은 바로 이 일을 위한 것이었다.

우리의 경우도 마찬가지다. 우리가 참여하는 '주의 만찬'은 요한계시록 19장에 나오는 '어린양의 잔치'를 미리 맛보는 일이다. 새 창조 세계에서 예수님과 그분의 백성과 함께 나누는 잔치의 시작이다. 이 것은 그냥 이미지가 아니다. 진짜 잔치가 부분적으로 시작된 것이다. 우리는 하나님의 백성과 함께 먹고, 성령을 통해 우리와 함께하시는 그리스도와 함께 먹는다.

주의 만찬은 우리가 '원하고 원하는' 식사가 되어야 한다. 기대를 품고 성만찬에 임해야 한다. 간절히 바라며, 신이 나서, 기쁨으로 임해야 한다. 주의 만찬은 기쁨의 자리가 되어야 한다. 친구들과 나누는 활기찬 식사. 잔치.

주의 만찬을 간절히 원한다면 그것을 기념하는 방식도 달라져야 한다. 오늘날 주의 만찬은 하나의 의식(儀式)이 되어 버렸다. 성만찬 때 우리는 떡 한 조각과 포도주 한 모금을 맛본다. 이것이 어떻게 메시아의 잔치를 미리 맛보는 자리가 된단 말인가?

신약 성경의 떡과 포도주는 식사의 일부다. 누가는 예루살렘 교회에 대해 이렇게 밝히고 있다. "집에서 떡을 떼며 기쁨과 순전한 마음으로 음식을 먹고"(행 2:46). 주석가들은 종종 이것이 식사를 가리키는 것인지 성만찬을 말하는 것인지 구분하지 못한다. 이 둘을 다르다고 생각하기 때문에 생기는 혼란이다. 우리에게 식사는 가정집 밥상에서 벌어지는 일상적인 일이고, 성만찬은 교회 건물 안에서 이루어지는 엄숙한 의식이다. 그러나 예루살렘에서 예수님을 따랐던 이들은 가정에서 함께 음식을 먹고 떡을 떼고 포도주를 마시고 예수님을 기억하고 그분이 죽음을 통해 만드신 공동체를 축하했다.

성만찬은 친구들의 잔치였다. 고린도 교회의 일부 신자들은 이 식사를 오용했지만 바울은 그들에게 식사와 별도로 떡과 포도주를 먹고 마시라고 말하지 않았다. 오히려 정반대다. 그는 모두가 식사를 함께 할 수 있도록 서로 기다려 주라고 말했다. 성만찬은 웃음과 눈물, 기도와 사연을 나누며 함께 먹는 친구들의 잔치였다. 우리는 하나님이 십자가를 통해, 성령 안에서 주신 공동체를 기념한다. 고개를 숙이고 눈을 감고 혼자만의 생각이나 희한한 고독에 빠진 채 성만찬을 기념할 수는 없다. 주위에 사람들이 있는데 그럴 수는 없다.

주의 만찬이 친구들과 누리는 만찬, 성령의 임재 가운데 함께 하는 식사임을 이해하면 그 자리를 간절히 바라게 될 것이다. 하나님의 백성으로 경험하는 공동생활에서 가장 즐거운 부분이 될 것이다. 이 슬프고 깨어진 세상에서, 주의 만찬은 기쁨의 순간이다. 그것은 미래의 한순간이기 때문이다.

왜 식사인가?

왜 떡과 포도주인가? 왜 예수님은 "이것을 말하여 나를 기념하라"고 하지 않으셨을까? 왜 우리에게 먹고 마실 음식을 주시는 걸까? 떡과 포도주를 말로 대체하면 더 좋아할 복음주의자들이 있을 것 같다.

대부분의 성만찬 논쟁은 떡과 포도주의 상태에 초점을 맞춘다. 그러나 떡과 포도주는 공동체, 예배(아무리 형식에 매이지 않는다 해도), 기도, 성경 읽기를 포함하는 더 넓은 사회적 사건의 일부다. 떡은 마법 약이 아니다. 떡을 먹는다고 해서 우리가 신비롭게 변화되는 것은 아니다. 그러나 우리 지성에만 영향을 끼치는 기억의 도구인 것만도 아니다. 더 넓은 공통 경험의 일부다. "하나님 나라의 특성은 떡과 포도주의 물질적 변화나 그런 변화의 부재, 신자의 개별적인 성찬이 아니라, 함께 하는 성만찬의 과정 전체에서 드러난다."[16] 성령의 임재 안에서 다른 사람들과 함께 식사하는 일, 구운 떡을 떼는 일, 십자가를 함께 기억하는 일, 함께 기도하는 일. 이 모두가 우리에게 영향을 끼친다. 주의 만찬은 기념식으로 끝나지 않는다. 주의 만찬은 우리를 변화시킨다. "떡이 하나요 많은 우리가 한 몸이니 이는 우리가 다 한 떡에 참여함이라"(고전 10:17). 하나의 떡에 참여하는 공통의 행위가 우리를 한 몸으로 새롭게 빚는다. 십자가로 만들어진 공동체라는 우리의 정체성을 강화시킨다.

바울은 고린도전서 8-10장에서 우상에게 바친 음식을 논하며 비숱한 논증을 펼치는데, 이 논증은 성만찬 식탁을 다루며 마무리된다. 고기 자체는, 설령 그것이 우상에게 바친 고기라 해도, 하나님이 주신 음식일 뿐 별다른 의미가 없다(고전 8:4-8). 이방 제사장이 그것을 축복한다고 해서 본질이 달라지는 것은 아니다. 그래서 바울은 우상에게 바친 고기도 부담없이 먹는다. 그러나 음식과 우상을 이교 의식이라는 관계적 맥락에 놓게 되면 모든 것이 달라진다. 음식의 의미는 사회적 맥락에 따라 달라지므로 이교 의식에 참여하는 것은 곧 귀신과 교제하는 일이 된다. "그런즉 내가 무엇을 말하느냐? 우상의 제물은 무엇이며 우상은 무엇이냐? 무릇 이방인이 제사하는 것은 귀신에게 하는 것이요 하나님께 제사하는 것이 아니니 나는 너희가 귀신과 교제하는 자가 되기를 원하지 아니하노라"(고전 10:19-20).

마찬가지로, 떡과 포도주 자체에는 특별한 의미가 없고 성직자의 축복으로 달라지지도 않는다. 떡과 포도주는 사회적 맥락에 따라 의미를 부여받는다. 그래서 성만찬에 참여하는 사람은 그리스도의 살과 피에 참여하게 된다. "우리가 축복하는 바 축복의 잔은 그리스도의 피에 참여함이 아니며 우리가 떼는 떡은 그리스도의 몸에 참여함이 아니냐?"(10:16).

그렇다면 왜 떡과 포도주가 있는 식사일까?

성만찬은 기억의 장이다

"이것은 너희를 위하여 주는 내 몸이라. 너희가 이를 행하여 나를 기념하라"(눅 22:19).

미국 전역의 학교들은 게티즈버그 연설을 정기적으로 재연한다. 중학교 1학년생들이 에이브러햄 링컨의 가짜 수염을 사서 붙이는 덕분에 면공업이 유지된다. 이 관행은 어떤 영향을 끼치고 있을까? 그것은 세대를 뛰어넘어 미국 어린이들의 생각에 큰 영향을 끼쳐 왔다. 자신이 미국인이라는 인식을 갖게 하고 자유와 민주주의의 가치를 기억하게 한다. 게티즈버그 연설을 집에서 배우고 마는 것이 아니라 공적으로 재연한다는 점도 중요하다. 무대에서 펼쳐지는 내용이 교실에 있는 사람들 모두를 하나로 묶어 준다. 유월절이 이스라엘 자손에게 바로 이런 역할을 했고, 주의 만찬은 교회에서 같은 역할을 한다.

주의 만찬은 기념행사 이상의 의미를 갖고 있지만 적어도 기념행사인 것만은 분명하다. 주의 만찬에 참여할 때마다 우리는 십자가를 떠올린다. 우리 죄가 사해졌음을 기억한다. 우리는 자유를 얻었고 용서받았고 무죄 선고를 받았고 입양되었다. 그리고 십자가가 우리가 따라야 할 본임을 다시 인식한다. 우리는 섬기고 희생하라는 부름을 새로이 받는다.

성만찬은 우리가 이 모든 것을 기억하게 하지만 하나님도 이 의식을 통해 같은 내용을 기억하신다. 우리가 자주 듣는 "이를 행하여 나를 기념하라"는 말을 문자적으로 해석하면 "내 기념물로 이것을 하라"(참고, 레 2:2, 9, 16; 5:12)는 말이다. 하나님이 노아와 언약을 맺으실 때 무지개를 주신 이유는 우리가 하나님의 사랑을 기억하게 하기 위함이 아니라 하나님이 그것을 보고 그분의 약속을 기억하시기 위함이었다(창 9:12-17). 떡과 포도주도 마찬가지다. 하나님은 이것을 통해 그분의 새 언약을 기억하고자 하셨다. 하나님이 그분의 언약을 기억하신다는 것은 잊어버리셨다가 다시 기억하신다는 것이 아니라 언약대로 행하시리라는 뜻이다(출 6:5-6). 주의 만찬은 하나님이 언약하신 대로 행하시라는 요청이다. 그리스도의 완성된 사역을 통해 우리를 용서하시고 용납하시고 주의 밥상으로 받아 달라는 요청이다.

성만찬은 공동체의 장이다

"떡이 하나요 많은 우리가 한 몸이니 이는 우리가 다 한 떡에 참여함이라"(고전 10:17).

주의 만찬은 예수님의 죽음을 선포하는데, 그 선포는 떡과 포도주의 상징 안에서만이 아니라 십자가로 만들어진 공동체 안에서도 이루어진다. 우리는 식사를 통해 어떻게 공동체가 만들어지고 견고해지는지 거듭 보았다. 그리스도께서 우리에게 떡과 포도주를 들라고 하신 것은 그것으로 이루어지는 식사가 우리를 한 공동체로 묶어 주기 때문이다.

고린도에서 벌어진 일로 바울이 그토록 분개했던 것은 바로 이 때문이었다. 고린도 교회의 성만찬 식사는 교회의 분열상을 드러냈다. 아니, 일부 교인들의 경우는 분열을 의도했던 듯하다. 당시 문화에서 잔치는 "사회적 격차를 눈에 띄게 드러내는 자리이자 부자들외의 손님들에게는 부실하고 빈약한 밥상을 차려 그들을 모욕하는 자리"가 되는 경우가 흔했다.[5] 고린도 교회의 부자들은 주의 만찬을 이런 식으로 이용해 자신들이 사회적으로 우월함을 부각시켰다. 그런 식사는 주의 죽으심을 선포하지 못한다. 십자가를 통해 화해한 공동체답게 함께 먹는 성만찬이 그분의 죽음을 선포한다. 우리는 십자가를 통해 죄의 심각함을 깨닫고 하나님의 가족으로 받아들여지기에, 십자가 앞에서 겸손해지는 동시에 높아진다. 식사를 같이 하는 가족은 흩어지지 않는다.

성만찬은 의지하는 장이다

"사람이 떡으로만 살 것이 아니라"(눅 4:4).

식사할 때마다 우리는 하나님께 의지해야 하는 피조물임을 떠올리게 된다. 성만찬 식사도 예외가 아니다. 한 입 먹을 때마다 우리가 자존하는 존재가 아님을 기억한다. 우리는 빵만으로는 살 수 없다. 그러나 빵을 먹고 사는 것도 분명하니 이렇게 기도해야 한다. "우리에게 날마다 일용할 양식을 주시옵소서"(눅 11:3).

성만찬 식사는 우리가 하나님을 의지해야 하는 죄인임을 인정하는 자리이기도 하다. 우리는 하나님 아들의 죽음으로 산다. "사람이 떡으로만 사는 것이 아니요 여호와의 입에서 나오는 모든 말씀으로 [산다]"(신 8:3). 우리는 십자가의 말씀으로 산다. 한 입 먹을 때마다 우리가 스스로를 구원할 수 없음을 기억한다. 우리는 말로는 살 수 없다. 아무리 근사한 말이라도 말이 아니라 빵을 먹어야 산다. 이 사실은 우리가 일용할 양식뿐 아니라 매일 하나님의 은혜에 새롭게 의지해야 하는 존재임을 깨닫게 한다.

성만찬은 참여의 장이다

"우리가 축복하는 바 축복의 잔은 그리스도의 피에 참여함이 아니며 우리가 떼는 떡은 그리스도의 몸에 참여함이 아니냐?"(고전 10:16)

우리는 성만찬 식탁 바깥에 있는 관찰자가 아니다. 우리는 참여자다. 뭔가를 한다. 성찬이 몇 마디 말로만 이루어져 있다면, 우리는 그저 듣기만 하고 멀찍이서 구원의 드라마를 수동적으로 지켜보면 될 것이다. 그러나 떡과 포도주는 우리를 그 자리로 끌어들인다. 이 구원은 우리의 구원이다. 객관적으로 볼 때 우리의 구원은 주의 만찬에 참여하는 데 달려 있지 않다. 성만찬은 마법의 식사가 아니다. 그러나 주의 만찬을 묘사하는 말은 '교제'(communion)와 '참여'(participation)다. 성만찬을 통해 구원은 새롭고 주관적인 현실이 된다. 성만찬 가운데 그리스도와 우리의 연합을 재연하고, 그분 안에서 우리가 용서받고 의롭다 여김을 받고 입양되었음을 알게 된다.

성만찬은 습관 형성의 장이다

"그러므로 여러분이 이 빵을 먹고 이 잔을 마실 때마다, 주님의 죽으심을 그가 오실 때까지 선포하는 것입니다"(고전 11:26, 새번역).

2009년 1월 15일, 뉴욕 라과디아 공항을 출발하던 US 항공 1549편이 이륙 직후 거위 떼에 부딪쳐 두 엔진이 다 멈추었다. 비행기가 추락해서 탑승객 모두와 아래 도시의 수백 명이 죽게 될 가능성이 높았다. 그러나 놀랍게도 체슬리 설렌버거 기장은 비행기를 허드슨 강에 무사히 착륙시켰고 한 사람도 죽지 않았다. 설렌버거는 매뉴얼을 참조할 시간도, 선택 사항을 자세히 논할 시간도 없었다. 극적인 착륙을 가능하게 해준 것은 여러 해에 걸친 비행 경험이었다. 위기의 순간에 여러 해에 걸쳐 터득한 습관이 작동했고 설렌버거 기장은 모든 사람을 안전하게 착륙시켰다.

성찬식 참여는 습관을 형성한다. 우리는 주의 만찬이라는 드라마에 적극적으로 참여한다. 성찬에 참여할 때마다 우리의 역할을 배우고 또 배운다. 우리는 십자가를 중심에 둔 삶의 습관을 배운다. 라이트하르트는 주의 만찬을 '교회의 역할극'으로 묘사했다.

성찬은 지성과 의식적 성찰에서 완전히 벗어나지는 않지만, 새로운 사실들의 학습보다는 기술 습득 영역에 주로 영향을 끼친다. 그 영향은 '가르침'보다는 '훈련'에 가깝다. 성찬에서 감사함으로 떡과 포도주를 먹고 마시는 것은 올바른 관계의 이상을 **보여 줄** 뿐 아니라 그런 관계를 **훈련하게 한다**.…자동적으로 되는 일은 아니다. 그러나 성경적 가르침과 탄탄한 공동체 생활이라는 상황이 주어진다면, 주의 밥상에서 훈련된 기술과 미덕들이 마침내 흘러넘쳐 교회 전체를 성찬의 정신으로 가득 채우게 될 것이다. 한마디로, 주의 만찬을 통해 교회는 하나님의 임재 앞에서 사는 법을 훈련한다.[6]

사람들이 성공에 목을 매는 바쁜 사회 속에서, 우리는 성찬을 통해 그리스도의 완성된 사역에 의지하는 법을 훈련한다. 지독히 개인주의적이고 파편화된 문화 속에서, 성찬을 통해 공동체가 되는 법을 훈련한다. 만족할 줄 모르고 끊임없이 더 추구하는 문화 속에서, 성찬을 통해 이 세상을 하나님의 선물로 받는 훈련을 한다. 성취라는 자기도취에 빠진 문화 속에서, 성찬을 통해 즐거운 자기 부인과 섬김을 훈련한다. 자기 향상의 교만한 문화 속에서 우리는 성찬을 통해 겸손과 관대함을 훈련한다. 이 모든 훈련이 습관을 형성하고 우리 삶의 나머지 부분에 깊이 스며든다.

할 말을 다 했으니, 이제 한 가지만 기억했으면 좋겠다. 예수님은 "이것을 생각하여 나를 기념하라"고 말씀하시지 않았다. 주의 만찬이 제 역할을 다하게 되는 순간은 책으로 기록되는 때가 아니라 기독교 공동체가 주의 만찬을 함께하는 때다.

6

밥상은 약속이 구현되는 자리다

누가복음 24장

"**그들이** 그에게 구운 물고기 한 토막을 드리니 예수께서 받아서 그들 앞에서 잡수셨다"(눅 24:42-43, 새번역).

부활하신 그리스도께서 드신다. 인자는 와서 먹고 마셨다. 그런데 부활 후에도 여전히 드신다. 예수님의 육체성은 부활로 사라지지 않는다. 그분의 인성은 천상의 것으로 바뀌지 않는다. 예수님이 부활하시고 수세기가 지난 후에 기록된 이단적인 영지주의 복음서에는 부활하신 그리스도가 유령 같은 존재로 등장한다. 그러나 진짜 복음서가 묘사하는 그분은 사람들이 만질 수 있는 존재다. 그분은 음식을 드신다. 그것도 사람들 앞에서 드신다. 그분은 "그들 앞에서 잡수셨다." 예수님은 잡수시는 모습을 보여 주셔서 부활이 창조의 부정이 아니라 창조의 회복이자 성취임을 알려 주셨다. 예수님의 부활은 만물이 새롭게 되는 약속이자 그 시작이며, 미래는 새로워진 땅에서 펼쳐질 물리적인 미래다. 구운 생선이 있는 미래다. 우리는 음식뿐 아니라 조리와 발효, 양조를 즐길 것이다. "만군의 주님께서 이 세상 모든 민족을 여기 시온 산으로 부르셔서, 풍성한 잔치를 베푸실 것이다. 기름진 것들과 오래된 포도주, 제일 좋은 살코기와 잘 익은 포도주로 잔치를 베푸실 것이다"(사 25:6, 새번역).

창세기 3장에서 죄는 즉시 신체에 영향을 끼쳤다. 최초의 남녀는 금지된 열매를 먹자마자 수치심을 느꼈다. "이에 그들의 눈이 밝아져 자기들이 벗은 줄을 알고 무화과나무 잎을 엮어 치마로 삼았더라"(창 3:7). 얼마 안 있어 그들은 출산의 고통과 땀 흘리는 노고 가운데 수치를 맛보게 될 테고(16-19절), 궁극적으로는 죽음을 경험하고 흙으로 돌아가는 수치를 당하게 될 터였다(19절).

그러나 구원 또한 몸으로 경험한다. 예수님은 죽은 자들 가운데 살아난 첫째, 큰 추수의 첫 열매시다. 그분은 육신을 입고 오셨다. 잡수시고(눅 24:42-43) 요리하시고(요 21:9-14) 말씀하신다. "와서 아침을 먹어라"(요 21:12, 새번역).

> 누가복음 24:13-35
> 그 날에 그들 중 둘이 예루살렘에서 이십오 리 되는 엠마오라 하는 마을로 가면서 이 모든 된 일을 서로 이야기하더라. 그들이 서로 이야기하며 문의할 때에 예수께서 가까이 이르러 그들과 동행하시나 그들의 눈이 가리어져서 그인 줄 알아보지 못하거늘 예수

께서 이르시되 "너희가 길 가면서 서로 주고받고 하는 이야기가 무엇이냐?" 하시니 두 사람이 슬픈 빛을 띠고 머물러 서더라. 그 한 사람인 글로바라 하는 자가 대답하여 이르되 "당신이 예루살렘에 체류하면서도 요즘 거기서 된 일을 혼자만 알지 못하느냐?" 이르시되 "무슨 일이냐?" 이르되 "나사렛 예수의 일이니 그는 하나님과 모든 백성 앞에서 말과 일에 능하신 선지자이거늘 우리 대제사장들과 관리들이 사형 판결에 넘겨주어 십자가에 못 박았느니라. 우리는 이 사람이 이스라엘을 속량할 자라고 바랐노라. 이뿐 아니라 이 일이 일어난 지가 사흘째요 또한 우리 중에 어떤 여자들이 우리로 놀라게 하였으니 이는 그들이 새벽에 무덤에 갔다가 그의 시체는 보지 못하고 와서 그가 살아나셨다 하는 천사들의 나타남을 보았다 함이라. 또 우리와 함께한 자 중에 두어 사람이 무덤에 가 과연 여자들이 말한 바와 같음을 보았으나 예수는 보지 못하였느니라" 하거늘, 이르시되 "미련하고 선지자들이 말한 모든 것을 마음에 더디 믿는 자들이여. 그리스도가 이런 고난을 받고 자기의 영광에 들어가야 할 것이 아니냐?" 하시고 이에 모세와 모든 선지자의 글로 시작하여 모든 성경에 쓴 바 자기에 관한 것을 자세히 설명하시니라.

그들이 가는 마을에 가까이 가매 예수는 더 가려 하는 것같이 하시니 그들이 강권하여 이르되 "우리와 함께 유하사이다. 때가

> 저물어가고 날이 이미 기울었나이다" 하니 이에 그들과 함께 유하러 들어가시니라. 그들과 함께 음식 잡수실 때에 떡을 가지사 축사하시고 떼어 그들에게 주시니 그들의 눈이 밝아져 그인 줄 알아보더니 예수는 그들에게 보이지 아니하시는지라. 그들이 서로 말하되 "길에서 우리에게 말씀하시고 우리에게 성경을 풀어 주실 때에 우리 속에서 마음이 뜨겁지 아니하더냐?" 하고 곧 그 때로 일어나 예루살렘에 돌아가 보니 열한 제자 및 그들과 함께한 자들이 모여 있어 말하기를 주께서 과연 살아나시고 시몬에게 보이셨다 하는지라. 두 사람도 길에서 된 일과 예수께서 떡을 떼심으로 자기들에게 알려지신 것을 말하더라.

고난주간 금요일과 부활주일 사이

우리의 문제는 엠마오 이야기의 결말을 너무 잘 안다는 것이다. 우리는 예수님이 부활하셨음을 안다. 그래서 여기 나오는 제자들의 실망과 슬픔에 공감하기가 어렵다. 그들은 "우리는 바랐노라"(눅 24:21)고 말한다.

하지만 오늘날 많은 사람들이 각자의 문제를 가지고 엠마오 가는 길을 걷고 있다. 소망에서 멀어지고 있다. 실망한 채 걷고 있다. 그리고 많은 이들은 교회에서 멀어지고 있다.

그리스도는 부활을 선언하심으로 [대화를] 시작하지 않으신다. 그분은 질문으로 시작하신다. "너희가 길 가면서 서로 주고받고 하는 이야기가 무엇이냐?"(눅 24:17) 예수님은 그들이 이야기를 하고 고통을 나누고 실망을 토로할 여유를 허락하신다. 누가는 그 극적인 장면을 이렇게 포착해 낸다. "두 사람이 슬픈 빛을 띠고 머물러 서더라"(17절). 그들은 가던 걸음을 멈추고 나서야 이야기를 시작할 수 있었다.

우리는 사람들과 어울릴 때 지금보다 훨씬 많은 질문을 해야 한다. 우리가 그들의 사연과 소망과 실망에 공감할 수 있어야 비로소 우리의 메시지가 그들에게 의미 있게 다가갈 수 있다. 다른 사람들의 고통을 두려워해서도, 우리의 고통을 숨겨서도 안 된다. 우리가 그리스도를 알아보지 못할 때에도 그분은 우리와 함께하시기 때문이다.

하나님과 메시아에 대한 믿음이 산산이 깨져 버린 현장, 앞이 보이지 않는 막막한 미래만이 남은 학살의 현장에서 벗어나 상심한 채 시골로 들어가는 이들 곁에 있다고 상상해 보라. 그러면 이 친숙한 이야기가 우리 시대의 역사적 문화적 상황과 함께 새롭게 다가오기 시작한다. 새 천 년의 서두를 살아가는 수백만 명의 사람들이 엠마오로 가는 도중에 있던 외로운 두 사람과 비슷한 길을 걷고 있다.…기독교 선교의 현장, 특히 복음 전도의 현장에서는 내가 여기서 제시하는 이야기의 순서를 무시하는 경우가 많다. 예루살렘을 떠나가는 이들이 보여 주는 고통과 의심과 분노의 신호에는 아랑곳없이 이야기의 진행 순서를 뒤집어 결말부터 제시하고 부활의 승리를 선언하고 싶어 한다. 그 결과 그리스도인들이 선포하는 메시지는 정서적 영적으로 깊은 상처를 받아 부활 메시지를 받아들이지 못하는 사람들이 받아들일 수 없는 것이 된다.[1]

엠마오로 가는 길을 걷는 사람들은 개인만이 아니다. 전 세계가 고난주간의 금요일과 부활주일 사이에 놓여 있다. 우리 문화는 "우리는 바랐노라"고 말한다. 모더니티(modernity)는 희망으로, 진보의 꿈들로 가득 차 있었다. 자본주의, 사회주의, 과학적 진보, 자유주의. 이 모두를 이끄는 원형에 해당하는 꿈은 기독교의 소망이었다. 역사는 중단 없는 전진이라는 생각을 모두가 공유했다. 그러나 포스트모더니티는 진보의 어두운 면을 파악했다. 고질적인 가난, 지구오염, 사회의 파편화. 그래서 진보의 거대담론을 불신한다. "우리는 바랐노라."

우리가 사는 세상에서 성경의 이야기는 겉도는 듯하다. 기독교는 구식에다 시대착오적인 종교로 보인다. 기능적으로 볼 때 우리는 신이 죽은 것 같은 세상에서 산다. 이것이 독일 철학자 프리드리히 니체(Friedrich Nietzsche)의 외침이다. 니체는 "신이 죽었다"고 선언했을 뿐 아니라 바로 우리가 그를 죽였다고 주장했다. 니체에게 이 '진실'은 인간 자유의 승리를 뜻했다. 우리를 인도하는 신은 더 이상 필요 없다는 것이다. 하나님 없이도 살 수 있다는 것이다. 그래서 공공 담론은 하나님을 배제한 채 이루어진다. 우리의 문화는 엠마오 가는 길에 올라 예루살렘으로부터 멀어지고 있다.

1618년, 스페인의 화가 디에고 벨라스케스(Diego Velázquez)는 "엠마오의 저녁 식사와 하녀"(Kitchen Maid with the Supper of Emmaus)라는 그림 안에 엠마오 식사의 광경을 담아냈다. 예수님과 제자들은 왼쪽 상단에 그려져 있다. 그러나 우리는 그림 속의 하녀에게 관심을 집중하게 된다. 그들의 대화를 엿들은 그녀의 얼굴에 나타난 놀란 표정을 보면 죽었던 사람이 방금 자신이 준비한 음식을 먹었음을 그녀가 깨달았다는 것을 짐작할 수 있다. 식사는 암시만 되어 있고 설거지도 정리도 끝났다. 여기서 중요한 소품은 행주다. 새 세계와 옛 세계의 충돌을 보여 준다.

이 그림이 완성되고 얼마 지나지 않아, 새로운 주인이 그림을 고쳤다. 엠마오 장면은 보이지 않게 완전히 덮어 버리고 왼쪽 여백에서 몇 센티미터를 잘라냈다(그래서 복원판에서도 제자 한 사람의 모습은 보이지 않는다). 원화의 모습은 이 그림을 청소했던 1933년에 가서야 드러났다.[2] 그때까지는 부활하신 그리스도가 그림에서 아예 삭제되어 있었다. 성경 이야기는 덧칠되어 보이지 않았다. 우리 문화는 초월적인 것, 신성한 것, 종말론적인 것을 제거했다. 우리에게 남은 것은 설거지한 그릇들이다. 행주들이다.

하지만 우리가 속한 곳은 바로 여기다. 행주가 있는 싱크대, 깨어진 세상. 그리스도의 부활은 새로운 세상의 약속이다. 그러나 우리는 아직 부활체를 받지 못했고 우리 세계는 아직 새로워지지 않은 채(롬 8:22-25) 여전히 십자가의 표지판 아래에 있다. 우리가 사는 곳은 불경하고 황량한 세상, 여전히 하나님의 저주 아래에 있는 세상이다. 그리스도인들은 부활의 생명을 지녔지만, 그 생명의 목적은 우리를 일으켜 십자가의 길을 살게 하는 것이다. 우리는 십자가와 부활 사이, 고난주간의 금요일과 부활주일 사이에서 살아간다.

지금은 그리스도의 신분이 감추어져 있다. 종교개혁자들은 바울을 본받아 그분을 "감추어진 그리스도"라고 불렀다. 바울은 이렇게 말했다. "이는 너희가 죽었고 너희 생명이 그리스도와 함께 하나님 안에 감추어졌음이라. 우리 생명이신 그리스도께서 나타나실 그 때에 너희도 그와 함께 영광 중에 나타나리라"(골 3:3-4). 신약 성경은 그리스도의 재림을 나타나심(manifestation)으로 묘사한다. 그리스도의 통치는 지금 감추어져 있다. 그러나 언젠가 명백하게 나타날 것이다. 온 땅이 그분의 영광을 볼 것이고 모든 생명이 그분 앞에 무릎을 꿇을 것이다.

하지만 지금 우리는 십자가의 제자로 살아간다. 우리는 모호함, 감추어짐, 약함, 주변성, 왜소함을 받아들인다. 벨라스케스의 그림에 나오는 하녀는 아프리카 노예로 보인다. 벨라스케스가 살던 시대에 스페인에서는 노예의 지위를 놓고 논쟁이 벌어졌는데, 벨라스케스는 그녀를 그리스도의 말씀에 바짝 귀 기울이는 모습으로 그림으로써 하녀의 존엄을 강조하고 있다. 그녀는 비록 주변 세계의 주목을 받지 못했어도 그림의 중심에 자리잡아 우리의 시선을 사로잡는다. 나중 된 자가 먼저 될 것이다. 이것이 하나님의 방법이다. 그분의 나라는 세상이 알아채지 못하게 자란다. 그 나라는 떡 반죽 속의 누룩이다. 보이지 않게 자라는 씨앗이다. 그리스도는 십자가를 통해 세상을 통치하신다.

그래서 우리는 승리자나 모든 답을 가진 사람이 아니라, 동료이자 같은 죄인, 같이 고민하는 사람이 되어 엠마오로 가는 사람들과 동행한다. 그렇지 않으면 사람들은 부활의 소문을 들어도 그럴싸한 말 정도로 여길 뿐 믿지 못할 것이다.

누가복음 24:18에서 제자들은 예수님이 무지하다고 넌지시 말했다. 그러나 예수님은 그들에게 성경을 열어 주시면서 이렇게 말문을 여셨다. "미련하고 선지자들이 말한 모든 것을 마음에 더디 믿는 자들이여!"(25절) 그들은 성경을 읽었으나 잘못 읽었다. 예수님을 "하나님과 모든 백성 앞에서 말과 일에 능하신 선지자"(19절)라고 묘사하는 그들의 말에는 모세가 신명기 34:10-12에 남긴 말이 메아리친다. 이것을 보면 그들이 예수님을 로마의 통치로부터 벗어날 새로운 출애굽을 가져다줄 새 모세로 기대했음을 알 수 있다. "우리는 이 사람이 이스라엘을 속량할 자라고 바랐노라"(눅 24:21). 예수님을 따르는 자들은 하나님을 입맛에 맞게 길들여 이스라엘의 하나님으로만 만들어 버렸다. 그들은 영광을 구했지만 고난은 놓쳤다. 하나님의 복은 원했지만 정작 하나님은 원하지 않았다. 하나님의 복은 원했지만 자신들의 죄는 생각하지 않았다. 우리도 고난 없는 성공, 하나님 없는 복, 대속을 무시하는 영광을 구하지 않는가?

우리는 서구 역사상 매우 독특한 시대에 산다. 기독교는 더 이상 서구 문화의 가장 두드러진 특징이 아니다. 우리는 기독교 세계가 무너지고 점점 더 세속화되어 가는 문화 속에서 산다. 성경 이야기는 시대에 맞지 않는 낡은 것으로 보인다. 사람들은 그리스도를 그들의 세계관에서 배제했다. 누군가가 벨라스케스의 그림 속 그리스도를 없애 버렸던 것처럼.

하지만 절망하지 말라. 지금은 십자가로 빚어진 기독교, 사도들이 전한 순전한 기독교를 재발견할 기회다. 고린도전서 1:1에서 바울은 그리스도의 영광과 능력과 지혜는 십자가의 수치와 약함과 어리석음에서 볼 수 있다고 말했다. 그리스도의 영광과 능력과 지혜는 그리스도를 따르는 자들의 십자가 중심의 삶에서 볼 수 있다. 우리의 부활의 생명은 그리스도의 죽음을 본받는 가운데 드러난다(고후 4:10-12). 우리는 십자가 중심의 제자도를 통해 하나님을 드러냄으로써 후기 기독교 세계에 하나님을 알린다.[3]

그리스도는 그분의 말씀을 통해 알려진다

그리스도가 숨겨진 세상에서 그분은 어떻게 알려질까? 엠마오 이야기는 서로 연관된 두 가지 답변을 제시한다. 첫째, 그리스도는 그분의 말씀을 통해 알려진다.

사도행전 1:3에서 누가는 예수님이 40일 동안 제자들에게 나타나셨다고 밝힌다. 그런데 누가복음에는 하루 동안에 벌어진 세 개의 이야기가 등장한다. 이른 아침 무덤에서, 오후에 엠마오로 가는 길에서, 저녁에 예루살렘에서. 세 이야기 모두 동일한 패턴을 따른다.

- 사람들은 당황하고 실망하고 두려워했다(눅 24:4-5, 18, 21-22, 37).
- 그들은 꾸지람을 들었다(눅 24:5-6, 25, 38-39).
- 그들은 그리스도의 말씀 내지 성경을 배웠다(눅 24:6-8, 27, 44-45).
- 그들은 그리스도가 고난을 당하고 죽는 것이 하나님의 뜻이라는 말을 들었다(눅 24:7, 26, 46).
- 그 결과 그들은 다른 사람들에게 가서 그 사실을 전했다(눅 24:9, 33-34, 47-48).

여기서 우리는 예수님의 제자들이 그분의 말씀과 성경을 통해 그리스도가 고난을 당하고 죽어야 함을 진작 깨닫고 당황하지 말았어야 한다는 암시를 읽을 수 있다. 성경이 십자가에 대해 가르치는 내용을 이해하고 그것을 다른 사람들에게 전하기 원하는 것, 이것이 바로 사람들의 삶에 부활의 능력이 작용한다는 증표다.

여기 누가복음 24장에서, 성육하신 말씀이 무덤에서 막 부활해 등장하신다. 그분이 말씀만 하시면 온 세상이 다 귀 기울여 들을 것 같다. 그러나 그분은 성경공부 모임을 여셨다. 첫 번째 부활절에, 부활하신 그리스도께서 말씀을 통해 자신을 알리셨다면, 우리가 다른 어떤 방식으로 그분을 알릴 수 있을까? 성경을 떠난 인간의 어떤 지혜도, 어떤 철학도, 어떤 묵상도 예수 부활의 의미를 말해 주지는 못할 것이다. 부활절 이야기에 등장하는 어떤 인물도 예수님이 성경으로 그 의미를 설명해 주시기 전까지는 무슨 일이 벌어지고 있는지 감을 잡지 못했다. 그분이 말씀을 해석해 주시고 나서야 비로소 사람들의 마음이 뜨거워졌다(32절).

첫 번째 부활절의 메시지는 무엇이었는가? 부활과 십자가였다. 다시 말해, 부활절의 메시지는 누군가가 다시 살아났다는 것만이 아니라는 것이다. 그런 일은 나사로 이야기에서 이미 보았다. 부활절의 메시지는 십자가에 못 박혀 죽으신 분이 다시 살아나셨다는 것이다. "손과 발을 그들에게 보이셨다"(40절, 새번역). 우리 죄를 대신 지셨던 분이 다시 살아나셨다. 우리가 죽어야 할 죽음을 당하신 분. 우리 자리를 대신하셨던 분. 하나님께 버림받았던 분. 세상으로부터 거부당한 분. 이분이 다시 살아나셨다!

"우리는 이 사람이 이스라엘을 속량할 자라고 바랐노라"(21절). 이 말이 암시하는 바는 분명하다. 예수님이 죽었고 죽은 메시아는 해방을 가져올 수 없으니 소망이 사라졌다는 것이다. 그러나 성경의 메시지에 따르면, 그리스도가 세상을 구원하기 위해서는 먼저 고난을 받고 죽어야만 했다. 죽은 그리스도만이 우리를 구원할 수 있다. 우리 대신 죽는 그리스도만이 죄의 형벌 아래 있는 우리를 속량할 수 있다. 그리스도를 따르는 자들은 십자가를 보며 예수님이 메시아가 아니었다고 생각했지만, 성경은 십자가야말로 그분이 메시아라는 증거라고 말한다.

예수님은 "우리가 범죄한 것 때문에 내줌이 되고 또한 우리를 의롭다 하시기 위하여 살아나셨다"(롬 4:25). '의롭다 함'(칭의, 稱義)은 법률 용어로 누군가가 옳다는 선언이다. 부활이 바로 그 선언이다. 부활은 값을 치렀다고 선언한다. 내가 어떤 죄를 짓고 5년형을 선고받았다고 해 보자. 형을 다 살기 전까지 나는 자유인이 아니다. 그러나 5년이 지나면, 교도소장이 나를 소장실로 불러 징역살이가 끝났다고 말할 것이다. 사법 제도가 정한 바에 따라 죗값을 다 치렀기 때문이다. 나는 자유인이다. 부활은 죗값을 다 치렀다는 선언이다. 예수님은 부활을 통해 죽음의 형벌에서 풀려나 자유롭게 걸어 나오셨다. 형을 다 치른 것이다. 우리도 그분과 더불어 자유의 몸으로 풀려났다.

누가는 데오빌로에게 역사의 끝에서 이루어질 대반전의 약속을 믿으라고 촉구한다. 예수님의 사역, 특히 그분의 식사는 이 미래의 증거다. 그런데 십자가와 부활은 궁극의 반전이다. 정죄받았던 분이 옳았음이 밝혀졌다. 죽었던 분이 다시 살아났다. 수치를 당했던 분이 영광을 얻었다. 역사의 끝에 있을 대반전이 여기 역사의 한복판에서 이미 이루어지고 있다. 다가올 일의 표적이 여기 있다.

누가복음 16장에서 예수님은 부잣집 문간에서 살았던 거지 나사로의 이야기를 들려주신다. 나사로는 죽은 뒤 아브라함 곁으로 가지만, 부자는 하데스로 간다. 부자는 아브라함에게 나사로에게 물을 들려 보내 자신의 고통을 가라앉혀 달라고 부탁한다. 그렇게 할 수 없다는 대답을 들은 부자는 두 번째 요청을 한다. 나사로를 그의 형제들에게 보내 하나님의 심판을 경고하게 해달라는 것이었다. 아브라함은 이렇게 대답했다. "그들이 모세와 예언자들의 말을 듣지 않으면 비록 죽은 사람들 가운데 누가 살아난다 해도 그들은 믿지 않을 것이다"(16:31, 우리말성경). 하나님의 말씀은 충분하다. 하나님의 말씀이 우리 마음을 움직이지 못한다면 그 어떤 것도 우리 마음을 움직이지 못할 것이다. 죽은 사람들이 나타난다 해도 소용없을 것이다. 누가복음 24장에서 부자가 요청했던 대로, 누군가가 죽음의 세계에서 돌아왔다. 그러나 그분이 하신 일은 하나님의 말씀을 선포하는 것이었다.

엠마오에서 예수님은 자신을 드러내신 바로 그 순간에 모습을 감추셨다. "그제서야 그들의 눈이 열려서, 예수를 알아보았다. 그러나 그 순간 예수께서는 그들에게서 사라지셨다"(눅 24:31, 새번역). 예수님은 사라지셨지만 그분의 말씀은 남았다. 이것이 바로 누가가 우리에게 전하는 메시지다. 그리스도를 어떻게 알리는가? 성경을 통해서. 요즘 유행에 맞는 느낌은 아니지만 이것이 하나님의 방식이다. 하나님은 그분의 말씀을 통해 통치하시고 그분의 말씀을 통해 그 통치를 확장하신다.

예수님의 또 다른 식사에서도 이 주제가 여실히 드러난다.

> 누가복음 10:38-42
>
> 예수님의 일행이 예루살렘으로 가는 도중 어느 마을에 들어갔을 때 마르다라는 여자가 예수님을 자기 집에 모셔들였다. 그녀에게는 마리아라는 동생이 있었는데 주님 앞에 앉아 말씀을 듣고 있었다. 그러나 마르다는 여러 가지를 준비하느라고 마음이 산란하였다. 마르다가 예수님께 와서 "주님, 제 동생이 모든 일을 저 혼자 하도록 내버려두고 있는데도 그냥 보고만 계십니까? 저를 좀 도와주라고 하십시오" 하자 예수님이 마르다에게 대답하셨다. "마르다야, 마르다야, 네가 많은 일로 염려하고 걱정하는구나. 그러나 꼭 필요한 것은 한 가지뿐이다. 마리아는 좋은 편을 택했으니 아무에게도 그것을 빼앗기지 않을 것이다." (현대인의성경)

이것은 두 자매의 갈등에 관한 이야기다. 놀라운 요소는 없다. 가인과 아벨 이래로 형제들은 줄곧 싸워 왔으니까. 우리는 누가 옳고 누가 그른지 안다고 생각한다. 마르다는 일하고 있고, 마리아는 아무 것도 하지 않는다. 우리는 마르다에게 마음이 간다. 그녀가 일을 다 떠맡았기 때문이다. 그런데 놀랍게도 예수님은 마리아 편을 드신다.

그리스어로 마르다의 질문을 보면 그녀가 긍정적인 답변을 기대하고 있음을 알 수 있다. 요즘 식으로 말하면 이쯤 될 것이다. "제가 일을 다 해야 하는 건 불공평해요. 그렇지 않은가요?" 누가 그 말에 아니라고 할 수 있을까? 하지만 예수님은 마르다를 나무라신다.

마르다는 손님인 예수님이 아니라 여주인인 자기를 챙기고 있다. 누가는 "마르다는 여러 가지를 준비하느라고 마음이 산란하였다"(눅 10:40)고 기록한다. 산란하였다? "주님 앞에 앉아 말씀을 듣고 있었"(39절)던 마리아의 모습과 대조적이다. 마르다는 마음이 산란하여 예수님에게 주목하지 못했다. 손님을 대접하는 일보다 손님이 더 중요하다는 사실을 배워야 할 사람들이 있다. 우리의 목표는 섬김이지 감탄을 자아내는 것이 아니다.

그런데 마리아는 거기 계신 예수님만 주목한 것이 아니다. 이 이야기는 하나님의 말씀에 주의를 기울이라고 촉구한다. 예수님은 마르다에게 이렇게 말씀하신다. "네가 많은 일로 염려하고 걱정하는구나"(눅 10:41). 누가는 여기 나온 '염려하다'와 같은 단어를 씨 뿌리는 자 비유에서 사용했다. "가시떨기에 떨어졌다는 것은 말씀을 들은 자이나 지내는 중 이생의 염려와 재물과 향락에 기운이 막혀 온전히 결실하지 못하는 자요"(눅 8:14). 마르다는 염려로 마음이 어수선하여 하나님의 말씀을 듣지 못한다.

마르다는 말씀의 원수가 아니다. 그녀는 "[예수님과 그분의] 말을 부끄러워"(눅 9:26)하지 않았다. 오늘날 교회의 많은 사람들과 마찬가지로, 그녀는 예수님의 말씀을 거부하지 않았다. 그러나 그녀의 마음은 산란했다. 우리는 경력, 집, 휴가, 가전제품, 이미지, 투자로 마음이 산란하다. 예수님은 한 가지가 필요하다고, 그분 앞에 앉아 그분의 말씀을 들어야 한다고 말씀하신다.

이 이야기는 초연함의 영성이나 묵상의 삶을 권하는 게 아니다. 다만 우리를 초대하고 있을 뿐이다. 미래의 잔치를 약속하는 하나님의 말씀에 다시 주목하라는 초대. 이 약속을 붙잡을 때 세상의 염려에서 해방되어 하나님 나라를 가장 중시할 수 있게 된다. 예수님의 말씀에 붙들릴 때, 우리는 바로 앞에 나오는 비유 속의 사마리아인처럼, 어려움에 처한 이들을 모른 체하지 않고 위험 부담과 비용을 감수하며 길에서 만나는 이들을 보살필 자유를 얻게 된다(눅 10:30-35).

그리스도는 밥상 주위에서 알려진다

> 그들과 함께 음식 잡수실 때에 떡을 가지사 축사하시고 떼어 그들에게 주시니 그들의 눈이 밝아져 그인 줄 알아보더니 예수는 그들에게 보이지 아니하시는지라.…두 사람도 길에서 된 일과 예수께서 떡을 떼심으로 자기들에게 알려지신 것을 말하더라. (눅 24:30-31, 35)

여기 이 장면은 5천 명을 먹이신 사건과 관련이 있다. 두 사건 모두 하루가 저물어 갈 때 벌어졌다(눅 9:12; 24:29). 두 사건 모두 예수님이 누구신지에 대한 또 다른 가르침이 바로 주어진다. 그분이 새로운 모세일 수도 있다는 암시는 그중 하나다. 둘 다 예수님이 빵을 들어 축복 기도를 하시고 떼어 나누어 주시는 동일한 순서를 따른다. 예수님은 누가복음에서 오천 명분의 식사를 만드셨고, 이 사건을 통해 사람들은 그분이 메시아이심을 알게 된다. 그리고 지금, 예수님은 엠마오의 식사를 통해 자신을 고난받는 메시아로 드러내신다. 예수님은 밥상에서 떡을 떼고 친구뿐 아니라 적들과 음식을 나누시며 자신이 누구인지 드러내셨다. 사람들은 그리스도를 공동체 가운데에서 알게 된다.

밥상에서 드러나는 그리스도와 그분의 말씀을 통해 드러나는 그리스도를 나눌 수 있다는 말은 아니다. 신비한 지식이 아니라, 식사 가운데 구체적으로 나타난 하나님의 말씀을 말하는 것이다. 엠마오로 가던 두 제자는 말씀과 식사를 즉시 연결했다. 밥상에서 그들의 눈이 열려 예수님을 알아보았다. 그분이 길에서 성경 말씀을 열어 보여 주셨기 때문이다(눅 24:30-31). 그럼에도 그들은 "빵을 떼실 때에 비로소 그를 알아보게"(35절, 새번역) 되었다고 증언한다.

내 경험은 이렇다. 나는 종종 기독교 공동체 안의 사람들 때문에 지치고 약이 오르고 미칠 지경이 된다. 그러나 부활하신 그리스도께서 그들과 함께하심을 느끼는 순간들도 있다. 내가 속한 공동체가 특별한 곳은 아니지만 거실에 앉아 있는 보통 사람들 안에 숨어 계신 그리스도가 보이는 순간들이 있다. 그러다 어느새 그분의 모습은 사라진다. 나는 하나님의 일하심 외에는 달리 설명할 길 없는 우리의 다양성 안에 숨어 계신 그리스도를 본다. 하나님의 말씀이 해석되는 것을 들으며 사람들의 마음이 뜨거워질 때 그분을 느낀다. 사람들이 서로에게 사랑을 베푸는 자리에서 그분을 본다.

제자들은 "우리는 이 사람이 이스라엘을 속량할 자라고 바랐노라"(눅 24:21)고 말했다. 그들에게는 권력과 영향력과 영광에 대한 정치적 기대가 있었다. 그러나 그리스도는 세상의 주변부에서 자신을 드러내셨다. 부활하신 그리스도는 당시 법정에서 증인으로 인정받지도 못했던 여인들에게 가장 먼저 나타나셨다. 기독교의 미래는 기독교 세계의 패권을 되찾는 일이 아니라 작고 친밀한 빛을 비추는 공동체들에 달려 있다. 그들의 모습은 대개 역사에서 보이지 않는다. 그러나 그들이 동네와 도시를 변화시킨다.

내가 사는 도시 셰필드의 겨울밤은 어둡다. 집들이 죽 늘어선 차갑고 어두운 밤거리를 걷다 보면 집 안이 훤히 들여다보인다. 나는 행인들이 우리 교회의 모임들을 들여다보고 무슨 생각을 할지 궁금했다. 그러다 선교에 대한 멋진 이미지를 떠올리게 되었다. 우리는 차갑고 어두운 세상에 산다. 그러나 사람들이 창문을 통해 들여다보면 기쁨과 사랑과 우정의 공동체, 빛과 따스함과 환영의 장소가 눈에 들어온다. 어둡고 차갑고 사랑 없는 세상에서 교회는 이런 곳이 되어야 한다. 거리에 있는 사람들이 다가갈 수 있는 빛의 장소가 되어야 한다.

도시로 돌아가다

1602년, 이탈리아 화가 카라바조도 엠마오의 식사를 그렸다. 그가 그린 그리스도는 수염이 없다는 점에서 당시로선 이례적이었다. 아마도 제자들이 처음에 그분을 알아보지 못했음을 나타내려 한 것 같다. 그림은 그들이 예수님을 알아보는 극적인 순간을 포착해 낸다. 한 사람은 놀라서 의자를 뒤로 빼고 있다. 그가 우리 쪽으로 의자를 밀어내는 것 같기도 하다. 마치 우리가 그림 속으로 들어갈 자리를 만들어 주는 것 같다. 예수님은 두 팔을 뻗고 계신데 축복하시는 것이겠지만 사실은 우리를 앞으로 부르시는 모습이다. 그것으로도 충분하지 않다는 듯, 과일 바구니가 식탁 언저리에 불안한 각도로 놓여 있다. 그림 속으로 뛰어들어 붙잡으라는 독촉 같다. 카라바조는 그림 안으로 들어와 적극적으로 참여하라고 우리를 유인한다.

그리스도를 만나면 행동하고 개입하고 참여하라는 촉구를 받게 된다. 수동적인 관찰자로 남을 수 없다. 두 제자는 부활하신 그리스도와 만나고 계획을 완전히 바꾸었다. 그들은 왔던 길을 그대로 되짚어 도시로 돌아갔다. 그것이 얼마나 의미심장한 일인지 생각해 보라. 그들은 온갖 위험이 따르니 밤에는 가지 말라고 그리스도께 강권했던 그 길(눅 24:29)로 돌아갔다. 오전까지만 해도 처형당한 반역자의 일당으로 몰려 체포되지 않으려고 달아나던 그들이 저녁이 되자 그 도시로 다시 돌아갔다. 위협과 위험으로 가득한 사명(22:35-38), 그들을 모든 민족에게로 떠나보내는 선교 사명(눅 24:47)으로 돌아갔다. 이제 모든 것이 달라졌기 때문이다. 그래서 돌아갔다.

세속주의와 십자가의 메시지는 중요한 의미에서 공통점이 있다. 신은 죽었고 세상에는 신이 없다는 것이다. 그러나 세속주의의 메시지는 여기서 끝나지만, 십자가의 메시지는 바로 여기서 시작된다는 차이점이 있다. 과학혁명, 계몽주의, 모더니티는 모두 '하나님이 죽었고 우리는 그분이 없는 세상에 산다'는 끔찍한 결론으로 이어진다.

그러나 이 결론은 십자가의 메시지가 시작되는 지점이다. 하나님이 죽으셨고 세상에는 하나님이 없었다. 그러나 사흘째 되던 날, 그분은 다시 살아나셨다. 하나님께 버림받은 그리스도는 세상을 구원하고자 인류의 저주를 친히 짊어지셨다. 주님으로 부활하신 그분은 이제 모든 생명에 대해 소유권을 주장하신다. 우리가 선교하도록 보냄을 받는 이유는 하나님의 아들이 모든 권세를 받으셨기 때문이다. 세상에는 하나님이 없었으나, 이제 그리스도의 이름으로 온 세상이 하나님의 것이 되었다.

* * *

기독교 공동체의 식사가 추구하는 목적은 무엇일까? 기독교 공동체의 식사는 많은 것을 이루어 낸다. 그것은 하나님의 충만한 은혜를 매우 잘 드러낸다. 하나님의 통치 아래 산다는 것이 무엇인지 엿보게 해준다. 그리스도께서 십자가를 통해 창조하신 공동체를 드러내고 튼튼하게 세워지게 한다. 새 창조를 미리 맛보게 해준다. 불신자들과 함께 우리 가운데 계신 하나님의 실체를 만날 수 있는 멋진 자리가 된다. 다들 멋진 일이다. 그러나 기독교 공동체의 식사가 추구하는 '목적'은 이런 것이 아니다. 이건 까다로운 질문이다.

창조, 구속, 선교, 즉 하나님의 모든 일이 '추구하는' 목적은 우리가 그분의 임재 앞에서 함께 먹는 것이다. 하나님은 우리와 함께 식사하시고자 세상을 창조하셨다. 우리가 먹는 음식, 둘러앉는 밥상, 함께 모인 동지들이 지향하는 목적은 다른 이들과 더불어 하나님과 나누는 교제다. 이스라엘 자손은 산에서 하나님과 함께 식사하기 위해 구원받았고, 우리는 함께 먹는 메시아의 대잔치를 위해 기독교 공동체로 구원받았다. 우리는 다른 사람들도 그 잔치에 초청받게 하려고 그리스도를 선포한다.

창조, 구속, 선교의 존재 목적은 모두 이 식사가 온전히 이루어지게 하려는 데 있다.

주

들어가는 글: 인자(人子)는 와서 먹고 마셨다

1 Carolyn Steel, *Hungry City: How Food Shapes Our Lives* (London: Chatto & Windus, 2008), p. 212. 「음식, 도시의 운명을 가르다」(예지).

2 Simon Carey Holt, "Dinner with the Family: A Sacramental Table, Luke 22:7-30"(sermon, Collins Street Baptist Church, Melbourne, August 24, 2008).

3 Nigel Slater, *Toast: The Story of a Boy's Hunger* (New York: Gotham, 2005), p. 97. 「토스트」(디자인이음).

4 John Koenig, *New Testament Hospitality: Partnership with Strangers as Promise and Mission* (Philadelphia: Fortress, 1974), p. 2.

5 Tim Chester, *Good News to the Poor* (Nottingham, UK: IVP, 2004), p. 101.

6 Robert J. Karris, *Eating Your Way through Luke's Gospel* (Collegeville, MN: Liturgical Press, 2006), p. 14.

7 Peter Leithart, *Blessed Are the Hungry: Meditations on the Lord's Supper* (Moscow, ID: Canon Press, 2000), p. 115.

1장 밥상은 은혜가 구현되는 자리다

1 S. Scott Bartchy, "Table Fellowship," *Dictionary of Jesus and the Gospels*, ed. Joel B. Green and Scot McKnight (Downers Grove, IL: InterVarsity Press, 1992), p. 796.

2 Mary Douglas, "Deciphering a Meal," *Implicit Meanings: Essays in Anthropology* (London: Routledge & Kegan Paul, 1975), pp. 249-275.

3 같은 책, p. 272.

4 Philip Francis Esler, "Table Fellowship," in *Community and Gospel in Luke-Acts* (Cambridge, UK: Cambridge University Press, 1987), pp. 71-109.

5 Kenneth E. Bailey, *Through Peasant Eyes* (Grand Rapids, MI: Eerdmans, 1980), p. 90.

6 Bartchy, "Table Fellowship," pp. 796-797.

7 Conrad Gempf, *Mealtime Habits of the Messiah* (Grand Rapids, MI: Zondervan, 2005), p. 133.

8 Robert J. Karris, *Eating Your Way through Luke's Gospel* (Collegeville, MN: Liturgical Press, 2006), p. 97.

9 Timothy Keller, *The Prodigal God: Recovering the Heart of the Christian*

Faith (New York: Penguin, 2008), p. 74. 「마르지 않는 사랑의 샘: 돌아온 탕자의 비유에서 배우는 기독교 신앙의 핵심」(베가북스).

2장 밥상은 공동체가 구현되는 자리다

1 Joel E. Green, *The Gospel of Luke, New International Commentary on the New Testament* (Grand Rapids, MI: Eerdmans, 1997), pp. 305, 309.

2 같은 책, p. 310.

3 같은 책, p. 309.

4 John Nolland, *Luke 1:9-20*, vol. 35A, *Word Biblical Commentary* (Nashville: Thomas Nelson, 1989), p. 355.

5 Robert Putman, *Bowling Alone: The Collapse and Revival of American Community* (New York: Simon & Schuster, 2001).

6 Richard Gordon in L. Shannon Jung, *Food for Life: The Spirituality and Ethics of Eating* (Minneapolis: Fortress, 2004), p. 65.

7 Taylor Clark, *Starbucked: A Double Tall Tale of Caffeine, Commerce, and Culture* (London: Hodder and Stoughton, 2007), p. 76.

8 같은 책, p. 78.

9 같은 책, p. 92.

10 Carolyn Steel, *Hungry City: How Food Shapes Our Lives* (London: Chatto & Windus, 2008), p. 226.

11 같은 책, p. 230.

12 Barbara Kingsolver, *Animal, Vegetable, Miracle: One Year of Seasonal Eating* (London: Faber, 2007), p. 125. 「자연과 함께한 1년」(한겨레출판사).

13 Dietrich Bonhoeffer, *Life Together and Psalms: Prayerbook of the Bible*, vol. 5, *Dietrich Bonhoeffer Works* (Minneapolis: Fortress, 2005), pp. 36-38. 「신도의 공동생활·성서의 기도서」(대한기독교서회).

14 Richard I. Pervo, "Wisdom and Power: Petronius' *Satyricon* and the Social World of Early Christianity," *Anglican Theological Review* 67 (1985): p. 311.

15 Peter Leithart, *Blessed Are the Hungry: Meditations on the Lord's Supper* (Moscow, ID: Canon Press, 2000), p. 117.

16 Carolyn Osiek and David L. Balch, *Families in the New Testament World: Households and House Churches* (Louisville, KY: Westminster John Knox Press, 1997), pp. 201-203.

17 Tertullian, *Apology*, ch. 39, vol. 3 of *The Ante-Nicene Fathers: Latin Christianity: Its Founder, Tertullian*, ed. Allan Menzies (Grand Rapids, MI: Eerdmans, 1957), p. 47.

3장 밥상은 소망이 구현되는 자리다

1 Cyril of Alexandria, *Homily 48*, New Testament vol. 3, *Ancient Christian Commentary on Scripture: Luke*, ed. Arthur A. Just Jr. (Downers Grove, IL: InterVarsity, 2003), p. 152.

2 Robert J. Karris, *Eating Your Way through Luke's Gospel* (Collegeville, MN: Liturgical Press, 2006); Jerome H. Neyrey, "The Idea of Purity in Mark's Gospel," in ed. John H. Elliott, *Social-Scientific Criticism of the New Testament and Its Social World*, Semeia Studies 35 (Scholars Press, 1986)를 보라.

3 Robert Farrar Capon, *The Supper of the Lamb: A Culinary Reflection* (New York: The Modern Library, 1967), p. 86.

4 같은 책, p. 85.

5 Eric Schlosser, *Fast Food Nation* (New York: Houghton Mifflin, 2001). 「패스트푸드의 제국」(에코리브르).

6 Barbara Kingsolver, *Animal, Vegetable, Miracle: One Year of Seasonal Eating* (London: Faber, 2007), p. 126.

7 Dietrich Bonhoeffer, *Life Together and Psalms: Prayerbook of the Bible*, vol. 5, *Dietrich Bonhoeffer Works* (Minneapolis: Fortress, 2005), p. 73.

8 Peter Leithart, *Blessed Are the Hungry: Meditations on the Lord's Supper* (Moscow, ID: Canon Press, 2000), p. 17에 인용.

9 같은 책, p. 18.

10 Carolyn Steel, *Hungry City: How Food Shapes Our Lives* (London: Chatto & Windus, 2008), p. 14.

11 Andrew Simms, *Tescopoly: How One Shop Came Out on Top and Why It Matters* (London: Constable and Robinson, 2007), pp. 25, 28.

12 John Piper, *A Hunger for God* (Downers Grove, IL: InterVarsity), p. 62. 「하나님께 굶주린 삶」(복있는사람).

13 Martin Luther, 같은 책, pp. 185-186에 인용.

14 Leithart, *Blessed Are the Hungry*, p. 20.

4장 밥상은 선교가 구현되는 자리다

1 Craig A. Evans, *Luke, New International Biblical Commentary* (Hendrickson/ Paternoster, 1990), p. 225.

2 Kenneth E. Bailey, *Through Peasant Eyes* (Grand Rapids, MI: Eerdmans, 1980), pp. 88-113.

3 Joel E. Green, *The Gospel of Luke, New International Commentary on the New Testament* (Grand Rapids, MI: Eerdmans, 1997), p. 550.

4 S. Scott Bartchy, "Table Fellowship," *Dictionary of Jesus and the Gospels*, eds. Joel B. Green and Scot McKnight (Downers Grove, IL, InterVarsity Press, 1992), p. 796.

5 Green, *The Gospel of Luke*, p. 553.

6 Christine D. Pohl, *Making Room: Recovering Hospitality as a Christian Tradition* (Grand Rapids, MI: Eerdmans, 1999), p. 74. 「손대접」 (복있는사람).

7 Tim Chester and Steve Timmis, *Total Church* (Wheaton, IL: Crossway, 2008, 「교회다움」, IVP), p. 80; and Tim Chester, *Good News to the Poor: Sharing the Gospel through Social Involvement* (Nottingham, UK: IVP,

2004), pp. 120-148.

8 Jim Petersen, *Living Proof: Sharing the Gospel Naturally* (Colorado Springs, CO: NavPress, 1989), 119. 「우리 세대를 위한 창의적 전도」(네비게이토).

9 Philip Yancey, *What's So Amazing about Grace?* (Grand Rapids, MI: Zondervan, 1997), p. 11. 「놀라운 하나님의 은혜」(IVP).

10 Timothy Keller, *The Prodigal God: Recovering the Heart of the Christian Faith* (New York: Penguin, 2008), pp. 15-16.

11 Carolyn Osiek and David L. Balch, *Families in the New Testament World: Households and House Churches* (Louisville, KY: Westminster John Knox Press, 1997), pp. 194-195.

12 Green, *The Gospel of Luke*, p. 550.

13 Bartchy, "Table Fellowship," p. 799.

14 Chester, *Good News to the Poor*, pp. 56-58.

15 John Nolland, *Luke 18:35-24:53*, vol. 35C, *Word Biblical Commentary* (Nashville: Thomas Nelson, 1993), p. 906.

16 See Keller, *The Prodigal God*, pp. 127-133; Yancey, *What's So Amazing about Grace*, pp. 19-26.

17 David Bosch, *Transforming Mission: Paradigm Shifts in Theology of Mission* (Maryknoll, NY: Orbis, 1997), p. 230에 인용. 「변화하고 있는 선교」(CLC).

18 같은 쪽.

19 같은 책, p. 232.

20 Simon Carey Holt, "Breakfast on the Beach: An Ordinary Table, John 21:1-14" (설교, Collins Street Baptist Church, Melbourne, Australia, August 31, 2009).

21 Simon Carey Holt, "Lunch at the Ritz: A Lavish Table, Luke 14:15-24" (설교, Collins Street Baptist Church, Melbourne, Australia, August 17, 2009).

22 Andrew (Hamo) Hamilton, "Food and Friends Night," *Backyardmissionary. com* (blog), June 14, 2006, www.backyardmissionary.com.

23 Drew Goodmanson이 녹음된 설교 "Gospel Hospitality: Making Room," Kaleo Church, San Diego, September 2, 2007에서 인용, www.kaleochurch.com/sermon/gospel-hospitality-making-room.

24 사람을 두려워함을 다룬 보다 많은 내용을 원한다면 Edward T. Welch, *When People Are Big and God Is Small* (Phillipsburg, NJ: P&R, 1997)을 보라. 「큰 사람 작은 하나님」 (CLC).

25 Petersen, *Living Proof*, p. 119.

26 같은 쪽.

27 대가와 십자가에 대한 더 많은 내용으로는 Tim Chester, *The Ordinary Hero: Living the Cross and Resurrection* (Nottingham, UK: IVP, 2009), esp. part 2를 보라.

28 분주함에 대해 더 자세한 내용으로는 Tim Chester, *The Busy Christian's Guide to Busyness* (Nottingham, UK: IVP, 2006)를 보라.

29 Jeff Vanderstelt, "Gospel Hospitality in Our Neighbourhood," *Jeff Vanderstelt and Some of His Missional Musings* (blog), April 19, 2009, soma-missionalmusings.blogspot.com.

5장 밥상은 구원이 구현되는 자리다

1 Peter Leithart, *Blessed Are the Hungry: Meditations on the Lord's Supper* (Moscow, ID: Canon Press, 2000), p. 11.

2 같은 책, p. 163.

3 같은 책, p. 165.

4 같은 책, p. 164.

5 Wayne A. Meeks, *The First Urban Christians: The Social World of the Apostle Paul* (New Haven, CT: Yale University Press, 1983), p. 68.

6 Leithart, *Blessed Are the Hungry*, pp. 179-180.

6장 밥상은 약속이 구현되는 자리다

1 David Smith, *Moving towards Emmaus: Hope in a Time of Uncertainty* (London: SPCK, 2007), pp. 4-5.

2 Robert Bringhurst, *A Story as Sharp as a Knife* (Lincoln, NE: University of Nebraska Press, 2000), pp. 47-48.

3 Tim Chester, *The Ordinary Hero: Living the Cross and Resurrection* (Nottingham, UK: IVP, 2009).

「역자 후기」

이 책의 원제목은 A Meal with Jesus다. 몇 년 전에 나왔던 책 「예수와 함께한 저녁식사」를 떠올리는 분도 계시겠지만 전혀 다른 책이다. 번역을 마치고 우리 부부는 제목을 이리저리 궁리해 보았다. 「만찬을 열다」, 「교회, 만찬을 열라」, 「예수님처럼 먹고 마시는 교회」, 「예수님과 함께하는 식사」. 그런데 출판사에서는 역시 우리의 수준을 훌쩍 뛰어넘는 제목을 내놓았다. 「예수님이 차려주신 밥상」. 눈길을 확 끈다. 책을 번역한 나도 새삼 내용을 새겨보게 되는, 확 끌리는 제목이다. (왠지 따뜻한 김이 피어오르는 쌀밥과 된장국에 김치가 연상되는 건, '밥상'이라는 극히 한국적인 표현에 따라오는 나의 주관적인 느낌일 수도 있겠다.)

그럼 이 책의 차림표를 간략히 살펴보자. 논지가 선명한 책이 으레 그렇듯, 저자는 도입에서 이 책의 핵심 내용을 분명하게 정리해

놓았다. 저자 팀 체스터는 예수님이 세상에 오셔서 하신 일을 세 가지로 요약한다. 첫째, 섬기기 위해, 즉 자기 목숨을 대속물로 주기 위해 오셨다. 둘째, 잃어버린 자를 구원하기 위해 오셨다. 이 두 가지는 예수님이 오신 이유를 말해 준다. 여기까지는 익숙하다. 그런데 예수님이 자기 목숨을 대속물로 내놓으시기 전, 지상에 계실 때 그 일을 감당하신 방법은 무엇일까? 이것이 바로 예수님이 하신 세 번째 일에 해당한다. 그분은 와서 먹고 마셨다.

누가복음에 나오는 예수님은 "식사하러 가거나 식사 중이거나, 식사를 끝내고 나오는 길"이라 할 만큼 식사 자리를 중심으로 사역을 펼쳐 가신다. 그분의 별명도 먹보와 술꾼이 아니었던가. 저자는 그런 예수님의 모범을 따르자고 말한다. 책 제목을 빌려서 표현하자면, 예수님이 차려주신 밥상을 받아먹은 우리이니 이웃을 위해 같은 밥상을 차려내자는 것이다.

이 책은 누가복음에 나오는 다양한 식사 장면을 통해 은혜와 구원과 공동체가 무엇인지, 하나님이 어떤 분이시고 예수 그리스도께서 어떤 사람을 부르시는지, 어떤 약속을 주셨는지 등을 밝힌다. 오롯이 먹는 이야기를 통해 그 모두를 풀어낼 수 있다는 사실이 놀랍다. 북적대는 식탁에서 펼쳐지는 책의 논지가 선명하기에 그에 따른 결론과 독자에게 제시되는 실천 방안도 분명하다. 여기엔 선교를 특별한 사람들만의 전유물로 여기지 않고 예수님을 사랑하는 사람이 자기 집을 개방할 때 자연스럽게 이루어지는 열매로 보는 생각의 전환이 담겨 있다. 저자는 그러한 삶을 몸소 실천하고 살아온 자신의 이야기, 그렇게 살아가는 교인들의 이야기를 들려주며 그렇게 살아 보자고 독자를 꼬드긴다.

이 책의 가장 큰 미덕이자 불편한 점은 당장 실천 가능한(!) 주장이 중심에 놓여 있다는 것이다. 거대한 조직이나 구조 혹은 다른 누구를 탓하는 대신 자신이 할 바를 직시하게 만든다. 심히 부담스러운 일이 아닐 수 없다.

교회가 무엇인가, 교회가 무엇을 해야 하는가 고민하는 분들. 자기들만의 리그가 되어 버린 교회를 안타깝게 여기고 대안을 모색하는 목회자, 교회 지도자, '그냥 교인' 모두에게 이 책을 추천한다. 갈 바를 몰라 막막하고 답답했던 상황에 대해 실천에 근거한 한 가지 해결책을 제시하는 책이다. 한마디로, 예수님을 본받아 (일주일에 서너 번!) 이웃과 더불어 먹고 마시는 것이다. 저자의 말대로 쉬운 길은 아니지만 그리 복잡하지는 않다. 이 책 앞에서 독자는, '무엇을 하라는 말인지 모르겠다' '이해가 안 된다' 이렇게 말할 수는 없을 것이다. 물론, 명확하게 주어진 이 길을 과연 따라갈 수 있을지, 그렇게 가려면 넘어야 할 장애물과 그에 따른 수고를 어떻게 감당하나, 하는 새로운 고민거리는 덤이다.

홍종락

옮긴이 홍종락은 서울대학교 언어학과를 졸업하고, 한국사랑의집짓기운동연합회에서 4년간 일했다. 현재 전문 번역가로 일하고 있으며, 번역하며 배운 내용을 자기 글로 풀어낼 궁리를 하고 산다. 저서로 「나니아 나라를 찾아서」(정영훈 공저, 홍성사)가 있고, 역서로는 「우물 밖에서 찾은 분별의 지혜」, 「즐거운 망명자」(이상 IVP), 「개인 기도」, 「루이스와 톨킨」, 「루이스와 잭」, 「성령을 아는 지식」, 「영광의 무게」(이상 홍성사), 「수상한 소문」(포이에마), 「올 댓 바이블」(복있는사람) 등이 있다. '2009 CTK 번역가 대상'을 수상했다.

예수님이 차려주신 밥상

초판 발행_ 2013년 6월 26일
초판 7쇄_ 2023년 12월 15일

지은이_ 팀 체스터
옮긴이_ 홍종락
펴낸이_ 정모세

펴낸곳_ 한국기독학생회출판부
등록번호_ 제2001-000198호(1978.6.1)
주소_ 04031 서울시 마포구 동교로 156-10
대표 전화_ (02)337-2257 팩스_ (02)337-2258
영업 전화_ (02)338-2282 팩스_ 080-915-1515
홈페이지_ http://www.ivp.co.kr 이메일_ ivp@ivp.co.kr
ISBN 978-89-328-1298-4

ⓒ 한국기독학생회출판부 2013

책값은 뒤표지에 있습니다.
무단 전재와 복제를 금합니다.